講談社文庫

人間　小泉純一郎

三代にわたる「変革」の血

浅川博忠

講談社

●目次

第二部　人間　小泉純一郎

序章——三度目の挑戦

二度目の不信任案

　二十一世紀という新時代になって七十日近く、平成十三年の三月九日、議事堂裏の衆議院第一議員会館三階の部屋で、筆者が小泉純一郎と会ったとき、彼は非常に迷っていた。四日前の三月五日には森喜朗《もりよしろう》内閣に野党が二度目の不信任案を突きつけていた。

　小渕恵三《おぶちけいぞう》の急逝によって成立した森内閣は、その誕生の経緯が不透明であったことや、「神の国発言」に代表される首相自身の軽率な言動、ハワイにおける実習船「えひめ丸」と米潜水艦の衝突事故の際の対応などにより史上稀にみる低支持率にあえいでいた。

　最初の森内閣に対する不信任案は前年の秋、「加藤の乱」として龍頭蛇尾に終わり、なまじ期待が高まった分、国民の政治にたいする失望は深かった。このときＹＫＫトリオのうちの二人、山崎拓《やまざきたく》と加藤紘一《かとうこういち》は、野党の出した不信任案に賛成する構えを示したのだった。

読者周知のようにＹＫＫとは、山崎拓、加藤紘一、小泉純一郎のイニシャルをとって付けられた名称である。かつて海部政権の時代、一世を風靡していた竹下派（経世会）の支配に風穴を開けようと、中堅議員だった山崎（渡辺美智雄派）、加藤（宮澤喜一派）、小泉（三塚博派）の三人が作ったものだ。その派閥をこえた結束はつとに知られていた。

なのに森派会長という立場にある小泉純一郎は、自分は派閥の会長である以上、最後の一人になっても森政権を守り抜くとの意思を表明し不信任案には反対に回った。この経緯から「しょせんは小泉も派閥政治家だ、買いかぶりすぎた」という失望の声もあがっていた。

それがどうだろう、三月五日に、野党がふたたび内閣不信任案を出してきた時には、山崎派は、今度は本会議に出席して、反対に回った。また十五名の小派閥に転落した加藤派のうち五名の議員も同じ行動をとり、森内閣の不信任案は悠々と否決された。しかしその直後に、竹下派の流れをくむ橋本派の重鎮である野中広務《のなかひろむ》は、

「不信任案は否決されたが、これで森内閣が信任されたわけではない」

という、信じられないような発言をした。不信任の否決とはすなわち信任ではないのか？国民の常識と永田町の論理の乖離が露呈した瞬間であった。

野中広務が出るなら自分は出る

小泉純一郎が、四日前のことを思い浮かべながら迷っていた理由を、筆者はこのように推測

した。

「いずれにせよ、この政権はもう長くない。自分が会長として森をどこまで守っていくべきか。一年前の四月に小渕恵三総理の緊急入院を経て、俗に言う密室協議と批判されるなかで、森政権を誕生させた四人（野中広務・青木《あおき》幹雄《みきお》・村上《むらかみ》正邦《まさくに》・亀井《かめい》静香《しずか》）のなかの一人である野中が、今度は先頭に立って森内閣を倒そうとしている。許せない」と。

三月いっぱい、私が週に一回ぐらいのペースで小泉と会うと、彼はいつも揺れていた。

総裁選挙に出ようか出まいか？　出た場合には、実際どのくらいの風が自分に吹いてくれるのか？　また、森が辞めた後、素直に、同じ派閥から二代続けて総理総裁が生まれるような、党内の力学が実際存在しているのかどうか？

政治家である以上、とにかく政治生命を断たれるような事態だけは避けたい。そういうなかで迷いつつも、

「野中広務が出るなら自分は出るんだ」

という意地だけは、強く貫き通しているように見えたのがまことに印象的であった。

森政権が命運尽きた場合、次の自民党総裁選挙というものが当然行われる。そこで自分がどう対応したらいいのか。なんとか野中がその後の政権に就くようなことは抑えなければいけない。さりとて、自分がそこで野中に対抗して総裁選挙に打って出たならば、それは三度目の出馬になる。

慶慶戦

一度目は橋本龍太郎《はしもとりゆうたろう》が相手だった。

この時は、本来ならば河野洋平《こうのようへい》、当時の自民党総裁に対して、通産大臣の橋本龍太郎がチャレンジャーで出るはずだった。ところが河野洋平は総裁選直前になって、敵前逃亡と批判されるかたちで、急遽《きゅうきょ》出馬を見送った。その姿を見て、竹下登は重鎮だった梶山静六《かじやませいろく》に、「いったいこれは何だ」と言ったという。

「早稲田の河野対慶応の橋本の早慶戦が行われるということで前売切符を売っていたら、早稲田が逃げるとはとんでもない。誰か早稲田の代役を出せ」と梶山は叫んだ。

当時早稲田の出身者とすれば三塚博《みつづかひろし》、あるいは森喜朗あたりが橋本の対抗馬として出るのが妥当だった。ところが梶山の号令に対して、この両者は、橋本の人気が国民的に非常に高いことに臆したのか、ここで出たら勝てない、負ければそのまま政治生命にかかわると思ったのか出馬を回避した。

そこで同じ三塚派のなかで、森の弟分にあたる小泉を出そうという動きが出てきた。これでは早慶戦ではなくて慶慶戦になるわけだが、それでもかまわない。

小泉は非常に迷った。当時、森喜朗は建設大臣、しかも彼は建設大臣としてカナダに仕事で出かけている。やはり自分は兄貴分の森と腹を割って話し合いたい。先輩を追い越して自分が出るということは、後々、派内にマイナスを及ぼすのではないか。

こんなことは国際電話で話せる問題ではないということで、森が帰国をするのを待って、その承諾を得るという筋を通した。

これが一回目の出馬の経緯である。このとき、小泉は「かくすればかくなるものと知りながら止むに止まれぬ大和魂」と吉田松陰の歌を引き、負けを承知で戦いに挑んだ。しかし、あまりにも直前での緊急出馬、しかも身代わり出馬という色合いだったので、結果は三〇四票対八七票で橋本龍太郎の圧勝に終わってしまった。

凡人・軍人・変人

二度目の総裁選出馬の事情はこうである。

候補者は小渕派の小渕恵三、小渕派を飛び出た梶山静六、そして小泉純一郎の三人。この時も三塚派からは森喜朗が当然出るべきだという声があったわけだが、森自身が、ここで自分が出馬しても勝ち目がないと考えた。むしろ勝ち馬に乗って、自分はナンバー2の幹事長を得たほうが得策ではないかという思惑である。

かくして若手議員を集めて、むしろ「小泉待望論」というものを派内に起こさせて、彼を出馬させるというシナリオが書かれた。そして、小泉は涙声で出馬の決意表明をしたものだ。

そういうなかで、田中眞紀子《たなかまきこ》は、流行語ともなった「凡人の小渕、軍人の梶山、変人の小泉」と揶揄したわけだった。

さて、下馬評では、国会議員の数の力からいって小渕が本命である。そして国民的に人気が高い小泉が対抗馬になるだろうとの予想だった。最大派閥を飛び出た梶山静六は、当時の中曽根派あたりの力を借りようという思惑があったにせよ、三位ではないかとの見立てだった。

ところが、いざ投票・開票という結果になると、意外にも梶山は下馬評を倍近く上回って、実際は三桁の大台に乗せることができた。逆に小泉は予想の第二位はおろか、前回、橋本と戦った時の獲得票数八七票を下回る八四票で負けてしまった。これでもう小泉は終わりだと酷評する向きすら当時はあった。山崎、加藤の援助もなきに等しかった。

こういう二度にわたる苦い思い出があるだけに、三度目の挑戦でまた惨敗してしまえば、今度こそ自分の政治生命が終わりを告げるのではないかと、小泉は迷い抜いていたのである。まだ五十九歳で政治生命を実質閉じるということは、どうしても避けたい。

しかし、小泉は立った。そしてついに宰相の座を射止めた。

いったい何が彼をその地位に押し上げたのだろうか。

ここで、時計を少し「加藤の乱」まで巻き戻してみることにしよう。

第一部　風が吹いた

●前ページ写真

自民党総裁選の期間中、最初で最後の「お国入り」となった横浜駅西口広場での街頭演説。小泉節を聴こうと集まった聴衆は大きな「うねり」となり、街角を埋めた。

＝4月17日（写真提供・神奈川新聞社）

第一章 「奇跡」の政権奪取

自民党総裁選挙で街頭演説する小泉純一郎と、応援に駆けつけた田中眞紀子　(2001年 4 月20日午後、神戸市内)

1　加藤の乱――なぜ森喜朗を支えたのか？

今度の人事は森さんが行うのではなくて、私が行うのです

平成十二年の秋の十一月九日夜、ポスト森の本命と目されていた加藤紘一は、山里会と称される大手新聞社の社長や政治評論家が持っている定期的な会合のゲストに呼ばれた。

その場で加藤は森首相の失言問題、資質、低支持率を批判され、自身の所感を問われた。ついで会合のお歴々は「間もなく十二月には人事がある。そういう中であなたはどう対応するのか。森政権の中へ入って、いわゆる重要閣僚として助けるのではないか」という意味のことを問うたという。

そのとき、加藤は、「そういうことはありません。今度の人事は森さんが行うのではなくて、私が行うのです」と、いきり立ったような口調で参会者に答えたのである。

参会者はみなびっくりした。

野党が間もなく不信任案を出そうという状況下で「加藤が反乱する」という噂は、あっという間に広がった。情報は首相官邸にいる森喜朗のところにもその深夜に届けられた。

森は自派の会長を務め、かつYKKの一員である小泉に対して、加藤と連絡をとって、その意図・真意の確認を取ってくれと依頼した。

小泉はすぐにそうした。すると、加藤は「本気だ」というではないか。「自分は、野党が出す森内閣不信任案に対して同調するんだ、そしてこれを可決させるんだ。山崎拓も同調している」ということらしい。

小泉は、たまたま森が本会議場に入ってきたところを捕まえて、非常に厳しい表情で、「加藤に確認を取った。彼は本気だ。われわれはすぐに対抗する手だてを講じなければいけない」。語気鋭く対応策を迫った。

意外なようだが

加藤は、森の不人気ぶりを強調し、国民の七〇パーセント以上が反対している政権を、なぜ継続させなければいけないんだとマスコミを通じて訴えた。

「そのとおりだ」という世論が非常に高まり、にわかに加藤紘一は時の人となった。加藤政権待望論が急速に沸騰し、応援するものが増えてきた。元来、加藤はホームページなどを非常に重用しているので、そこにも加藤支援の声が全国から入ってくる。まさに官軍は加藤であり、そして賊軍は森という風潮ができつつあった。

そのとき、損な役割をあえて小泉純一郎は買って出た。

派全体で森を辞めさせようとしても、会長である自分は最後の一人になっても森を守りとおすという信念を披瀝《ひれき》したのである。

その姿を見て、小泉純一郎というのは「改革の人」ではなかったのか、なのに古いしがらみの派閥維持のために森を守るのは納得がいかない。あるいは言行不一致だという批判が一部からなされた。一見、無理もない批判であろう。

しかし小泉の性格には、非常に人間関係を重んじるところがある。ここに、一見不可解な行動を解くカギがあると筆者は考える。

昭和四十七年に初当選以来、小泉は福田赳夫《ふくだたけお》の流れをくむグループに属してきた。福田派というのは、福田自身が主計局長までつとめた大蔵官僚出身であったという関係もあり、大蔵省を中心にする官僚的な色合いが非常に強い派閥であった。

そういうなかでマスコミ出身の森喜朗は、福田の書生から出発した小泉純一郎にとっては文字通り一期先輩であり、年も五年先輩になる。まさに森喜朗は「兄貴分」であり、たえず二人三脚を組んできた間柄であった。その森がいま総理の座にあって苦境に立たされている。自分は長年の人間関係のなかで彼を守らなければいけないというのは、小泉純一郎の基礎的な人生哲学なのである。

つまり、意外なようだが、ある意味、彼はきわめて日本的な義理人情を重んずる政治家でもあるのだ。

読者がどう評価されるかは自由だが、そのことはしっかり踏まえておく必要があると筆者は考えている。

そしてこの時は、ライバル関係というか、むしろ敵対関係にある野中広務と、森政権を守るという一点では実際に二人三脚を組んで、そして加藤派の切り崩し作業に敢然と臨むのであった。

腰砕け

当時、加藤派は六十三名いる党内の第二派閥だった。そのなかで野中広務は自分と気脈を通じている、幹部の古賀誠《こがまこと》を通じて加藤派の切り崩しをはかった。そして実際、いざ不信任案を審議する本会議直前にはもう三分の二を切り崩して、加藤紘一と同調させないようにしてしまったのである。

加藤の行動を是としなかったのは、堀内光雄《ほりうちみつお》や、あるいは池田行彦《いけだゆきひこ》、古賀誠、そして派閥の前オーナーであり蔵相として森内閣の閣僚であった宮澤喜一といった有力実力者たちであった。彼らが全部反加藤にまわるというかたちで、池田勇人《いけだはやと》以来の名門といわれた宏池会《こうちかい》、保守本流の中心を歩んできた宏池会は分裂するに至る。

十一月二十日、いざ審議の採決の当日、加藤紘一は野党と協調して不信任案に対して賛成票を投ずることも、いや、本会議場に臨むということすらできなかった。

加藤は山崎拓と二人で、不信任案に同調すれば自分たちの派閥の後輩、同僚たちが罰せられる、当然自民党中枢はいろいろな処分をしてくる。その処分の対象を、山崎と加藤の二人だけが受ければいいと本会議場に出向こうとした。

臨時の溜まり場として彼らが使っていたホテルオークラのなかで、加藤が行こうとするのを、加藤派のメンバーの谷垣禎一《たにがきさだかず》などが、半分泣き叫ぶような表情で、「ここで大将がそういう行動をしちゃだめなんだ」と阻止する光景がテレビに映し出された。

加藤は顔を歪めて、結局、本会議場での投票を棄権する。いわゆる欠席戦術に転じざるを得なくなったのである。

出処進退の大事さ

加藤の乱は結果として龍頭蛇尾の形で鎮圧された。かつて六十三名いた加藤派だが、加藤と行動をともにする人間はたった十五名に減ってしまった。

逆に二十三人いた山崎派のうち、こぼれ組はたった一人だった。この騒動で、派閥を維持する、リーダーとしての統率力は山崎のほうが上だったという評価がなされ、山崎は男をあげた。それまでポスト森の本命であったはずの加藤紘一はこの乱の失敗をもって一気に次期総裁候補の座から転落する。

一方、小泉純一郎に対しては、たった一人であっても森を守ろうとした姿勢をきびしく批判する向きもあった半面、あれだけ不人気な森内閣を、やはり自分の損得とは別に守ろうとした人情は貴重であるという人もいた。こうした彼の気質は、まさに祖父、いれずみ大臣と言われた小泉又次郎《こいずみまたじろう》を受け継いでいるのではないか、それも政治家としてあるべきひとつの姿だと評価する者もあった。

小泉政権の成立で、山崎拓は幹事長の地位に就く。政治家の出処進退は一筋縄ではゆかず、まことに難しい。

2　橋本派の迷走

小泉純一郎と野中広務

加藤の乱以降、急速にその力を強めてきたのは田中派、竹下派の流れをくむ橋本派の実権を握りつつある野中広務だった。ハワイにおける実習船「えひめ丸」と米潜水艦の衝突事故の際の対応が拙劣であったことから、もはや断末魔の様相を呈してきた森政権に対し、幹事長の座を引いた野中はむしろ冷淡であり、訪米、訪ロをこなす森はもはや死に体といってよかった。

小泉純一郎と野中広務。これはいろいろな意味で好対照の政治家であり、ある意味でライバル的な関係にならざるをえない運命があった。

これには大きく分けて三つの要素がある。

一つ目は、政策での対立。小泉純一郎は長年、郵政三事業の民営化を主張してきた。郵政三事業は、民間に委託しても、独力で十分にやっていける。また郵貯だとか簡保のお金が、いわゆる財政投融資にまわされて、それが特殊法人の運営費にまわされている。この特殊法人を、行政改革で整理するには、その大元の資金を断たなければいけないという考え方である。これに対して郵政族のドンといわれる野中広務は、非常に強い反対の姿勢を真っ正面から貫いてきた。

二つ目は、人間関係をめぐる対立。

橋本政権時代に、野中広務は加藤紘一幹事長の下で幹事長代理を務めていた。野中は加藤を取り込むことによって、YKKを分断しようとしていた。それを小泉は快く思っていなかった。逆に小泉は、橋本派が竹下・小渕と、領袖が前年に相次いで永眠したなかで、二極化現象を起こしていることに注目した。一方の極は衆議院の野中、もう一方の極は参議院の幹事長である青木幹雄。この二極のうち小泉は青木に近づくことによって、橋本派の分断を試みていた。

三つ目は、両者の性格の問題。

小泉はいわゆる初志貫徹型、たとえ一人になっても自分が信ずるものは頑固に、テコでも動かないで成し遂げようという気質である。野中はその正反対。かつては竹下経世会が分裂するときに、敵となった小沢一郎《おざわいちろう》を「悪魔」と表現した時期があった。ところが小渕政権で、自自公連立政権が必要になってくると、自由党の代表である同じ小沢に対して、「たとえ悪魔の前にひれ伏しても、自自公連立政権は必要だ」と平気で言うぐらいに、変幻自在なのである。

青木はこう持ちかけた

さて、橋本派。野中が出るべきか否かは微妙な情勢にあった。

野中広務は橋本政権時代の総選挙で幹事長をやっていた関係で、橋本派内の百一名のうち、若手当選二回生あるいは三回生、こういうところには非常に影響力を持っている。そういう若手の待望論というものを受けながら、野中は千載一遇のチャンスをうかがっていた。大正十四年生まれで老練な策士ともいわれる野中は、自分に流れを起こすために、むしろ連立パートナーである公明党、あるいは保守党から外堀を埋めるようなかたちで、野中待望論をジワジワと起こそうとした。また、腹心とされる鈴木宗男《すずきむねお》などはおおっぴらに野中総裁論を唱えていた。

だが、野中は年こそいっているけれども、実際は当選回数七回生。派内には橋本龍太郎、あるいは村岡兼造《むらおかかねぞう》という、年齢は下ながら当選回数では野中よりも先輩がいて、彼らからすれば、ここ数年の野中の急上昇ぶりに対しては、まことにもって許しがたいという気持ちがある。そう簡単に橋本派内は野中ではまとまりそうもなかった。

橋本派内の一方の極、青木幹雄は、小泉に水面下で接触を保ちつつ、こう持ちかけた。

「純ちゃん、君が郵政三事業民営化の旗を一時的に降ろしてくれるなら、自分とすれば、この夏に予定されている参議院選の勝利を目指すために、人気のある君を支援することはやぶさかでない」

しかし小泉とすれば、自分の大事な御旗をここで降ろすということは、「政治家小泉純一郎」のすべてを失うことと同じである。何度かの青木の執拗な誘いに対しても、頑として譲らなかった。

青木のほうからすれば、小泉というのは本当に頑固な男だということになる。ここに橋本派が小泉を擁立するというシナリオは頓挫をきたした。

体のいい踏み絵

小泉は、野中が派内事情で、だんだん出馬が不可能になってきたことを敏感に感じ取っていた。逆に思惑どおりに進まない野中は、焦って一計を案じた。自らが本部長を務める自民党のなかの行政改革推進本部の役員会を、それまで休眠していたのに三月二十一日に急遽開会したのである。

この会の顧問で出欠が注目された小泉は、当日、自民党本部に乗り込んだ。

野中は「二〇〇三年一月の郵政公社化は国営三事業一体のかたちでスタートすると決まっていますが、その後に民間参入を認めることも必要とあれば検討するという理解で異議ありませんね」という挙に出た。実はかつてこの本部会で、「いちおう二〇〇三年一月をメドに郵政三事業というものについては、郵政省の業務を公社化した先に、民営化というものを視野に入れて論議していく」という玉虫色の議論ができていた。これに対して小泉がどういう態度を取るかを試そうというわけだ。体のいい踏み絵である。

小泉は淡々と「それは認識している」と短く答えた。ここで強く反対論を訴えるとかすれば、党内の反発をかって野中の思うツボである。さりとて腰の引けた態度をとれば小泉の姿勢に対する疑惑が生じる。たとえ、小泉が見据えていることがその先であるにしても、である。そういう場を回避したということでも実際は一本、小泉のほうが取ったといえよう。

なぜ立たないの。早く立ちなさいよ

自民党内の若手、特に都市選出議員の若手からは、日ごとに「小泉出るべし」という待望論が非常に強くなってきた。そういう流れを見極めて、自民党内の無派閥議員、田中眞紀子、平沢勝栄《ひらさわかつえい》の二人が、某日、本会議場に出ている小泉純一郎を、森派の事務総長伊藤公介《いとうこうすけ》を経由して、急遽呼び出した。

用件はただ一つ。総裁選出馬の要請である。

小泉が本会議場を抜け出て、第一議員会館の自室に行くと、先にもう平沢勝栄が待ち受けていた。平沢勝栄という人は、東京十七区で公明党のプリンスといわれている山口那津男《やまぐちなつお》と過去二回血みどろの戦いを繰り広げてきて、自民と公明の連立に、真っ正面から反対している。そういう立場を背景にして、彼は「いろいろな意味で公明党とだけ組む自民党ではない。場合によれば民主党ともパーシャル連合的に対応できるような、新たな政権を、小泉さんに委ねたい」と切々と訴えた。

そして田中眞紀子も、小泉出るべしと決起をうながした。

田中眞紀子からすれば、今回小泉が戦う相手は橋本派、すなわち父親の角栄を裏切った、かつての竹下派の流れをくむ連中である。そこと戦う人間は、いわゆる「敵の敵は味方」だということになる。また、お膝元の森派の中でも、若手の中ではどんどん小泉待望論が強まってきた。

一方、森派の一部ベテラン議員のなかでは、やはりここは慎重を期すべきだ、最大派閥と喧嘩すべきではないという声も根強く残っていた。

迷いに迷っていた小泉は、ちょうど県知事選が行われている秋田に応援弁士に乗り込んで行って、その場で面白おかしく聴衆に自分の今の意思を表現して見せた。

「田中眞紀子さんから、『自分が申し入れた後、なぜ立たないの。早く立ちなさいよ』と、矢のような催促があるんだ。女性から早く立てなんていう催促をされると、男としてはねぇ」

会場は大爆笑。

間接的な出馬宣言であった。

それから間もなく小泉純一郎は、田中眞紀子の進言も受け入れ、自分は派閥を離脱するといって森派会長の立場を返上し、無派閥で出馬する態度を明らかにする。

誰をかつげばいいのか……

こうして、今までは本命は野中、対抗が小泉、その他に数人が出るのではないかと目されていた総裁選の構図が、むしろ小泉純一郎中心に変わってきた。

四月に入って、橋本派が非常に慌ててきた。

もう野中は使えない。

この派閥お得意の、首相をめぐる権力の二重構造、すなわち他派閥の人間を表面に押し立てて、後ろからロボットとして操ろうとするやり方を続けてゆくならば、そういう対象として、たとえば旧河本派の高村正彦《こうむらまさひこ》法務大臣、あるいは河野グループの麻生太郎《あそうたろう》経済・財政、IT担当大臣、こういったところが使えないわけではない。ただ、こういう「伝統手法」というものに対しても、「これは世の中が見抜いている。そういうものはもはや通用しないんだ」という反発があって、この手立ても使えなくなってきた。

では、百一名の派内で誰を立てるかということになると、これはもう会長である橋本龍太郎、この人を使うしかない。

橋本は三年前の参議院選挙で、事前は自民党がそれなりに勝利すると目されていたにもかかわらず、自らがいわゆる税制改革のあり方をめぐって非常に不明快な対応をしたために、自民党有利の流れが投票日の四日前に一転して不利となり、当初は六十議席ぐらいは取れるのではないかといわれていたのに、四十四議席しか得られない大惨敗を喫して、首相の座を退いた人である。

また、橋本政権で行った「九兆円の前取り」がある。せっかく景気が良くなってくるなかで消費税を三パーセントから五パーセントに上げた。二兆円あった特別減税も廃止してしまった。あるいは老人介護、こういうもので二兆円の実質国民負担分を増やした。

「トータルで九兆円の国民負担を増やした失政の責任者では、選挙に勝てるわけがない」

というムードがずっと続いていても、結局会長である橋本を選ぶしかない。

かつては鉄の結束力を誇るといわれた橋本派の中で、若手議員が造反をして、

「橋本では乗れない。他の候補を探すべきだ」

というのを、野中広務以下の幹部が必死になってなだめる。

かつて想像できない光景であった。

3　予備選の風

四者立候補

こうして自民党の総裁選は、

橋本龍太郎（橋本派）
小泉純一郎（派閥を離脱）
亀井静香（江藤・亀井派）
麻生太郎（河野グループ）

の四者での争いとなった。

亀井は、橋本派がなかなか態度を決めないという理由で、急遽出馬した。麻生は二十人の推薦人を集めるのに苦労しながらの参戦であった。投票受け付けは四月十二日である。

そして、このときに従前と一つかわったことがあった。それは各都道府県の持つ票の数である。総裁を選ぶ際、緊急の時は両院の議員総会と、各地方、都道府県単位から一人ずつ出ている四十七名の代議員だけで選ぶという今までのやり方を改めた。少しでも国民の声を聞かなければいけない、党員の声を反映させなければいけないというのである。

古賀幹事長は、各都道府県一票だったものを、三票ずつに増やすことにした。そうすると締めて地方票は百四十一票になる。

去り行く森喜朗自身が党の総裁として、「幅広い国民の、党員の声を反映できるようなシステムで総裁選をやってほしい」といったことを受けてこの変更となった。これは最後まで密室批判を繰り返され、政権の正当性を問われた森の、結果的に四人組に対する痛烈なしっぺがえしとなったのである。

職域党員六五パーセント

総裁選へ入る頃の一般マスコミの予想は次のようなものだった。

自民党の党員というのは、約二百四十万人いる。

二百四十万人のうちの六五パーセントは職域党員と呼ばれる党員である。職域党員というのは建設業なら建設業界、あるいは金融・銀行業界、医師会、特定郵便局長会……こういうところがそれぞれ監督省庁の配下で企業別・業界別・職場単位で構成されているような党員のことである。

ある意味でその企業のトップの意向、あるいはその関連の役所の意向が反映されやすい存在といえる。実際は個々の党員の意思なぞお構いなく、票もしかるべき人が、極端な話、白紙のまま取りまとめて誰々に投票するということである。

そんな職域党員が六五パーセントもいるということは、これはどうみてもそこを牛耳っているのは橋本龍太郎の派閥なので、今まで一県一票だったのを三票に増やしたところで、橋本の有利は変わりはしないというのが、玄人筋の見たてだった。

しかし事実は予想を大きく覆した。

神奈川県連と眞紀子

予想がはずれた最大の原因、それは予備選制度の導入であった。これは小泉の地元、神奈川の自民党県連が、かくあるべしと強く主張した制度であった。もっとも小泉はあまり地元の面倒を見るタイプの政治家ではなく、それゆえに「変人」のニックネームを頂戴していたのだが。

今回の予備選とは、アメリカの大統領選を見習ったもの。すなわち、各都道府県の代議員の三票については、都道府県別の党員の事前投票（予備選）によって、一位を得た人物が三票全部総取りする方式（ウィナー・テイク・オール）を用いるべきだという主張である。この神奈川を震源地とするやり方が、全国津津浦浦に広がっていく。

他の候補にすると、従来の締めつけがあまり効かないとなれば、やはり小泉の人気は脅威である。結局この総裁選は一政党の党首選びであるにすぎないにもかかわらず、四候補が全国を飛びまわって立会演説会を行ったりテレビに揃って出演するという、過去類例を見ないものとなったのである。

そういう中でも小泉人気というのは強かった。とくに小泉が田中眞紀子と一緒に組んで街頭演説をやると、これはもう前代未聞といっていいぐらい人が集まる。

東京なら渋谷だとか池袋、あるいは数寄屋橋、新宿などの繁華街。あるいは北は仙台から南は福岡まで、いわゆる政令都市を中心としたところで。とにかく田中眞紀子が来るところには聴衆があふれた。しかも野次など飛ばさず、全員がじっと、みんなシーンとして聞き入っているのだ。

眞紀子人気というものは抜群である。

ふつう選挙の筋からいえば、候補者である小泉純一郎が最後に演説して、応援団である眞紀子は前座をつとめるべきであるが、ある会場でそうすると、眞紀子の話が終わったところで、会場を去ろうとする聴衆さえいる。そうなると肝心の候補者である小泉の話を聞く人が減ってしまう。

急遽、この順番も逆にして、むしろトリは眞紀子がつとめるというような形でやる。眞紀子の父の角栄はかつて自らを「人寄せパンダ」と称したが、それも顔負けである。

オダブツ発言

渋谷のハチ公前で演説したときには、ハチ公前の広場に人が殺到し、それのみならず横にある道路にまで、どんどん人が増えてきてしまう。慌てた渋谷警察署は、「これ以上人が増えるとクルマが完全に通らなくなるから、ただちに取りやめの中止勧告を出しますよ」ということすら申し入れたという。

小泉・眞紀子のタッグというものが、どんどんどんどん人を集めだす。とくに都内で演説するときには、平沢勝栄が元警察官僚であったことから機転をきかせ、それぞれの管轄の警察署に事前に了解を取って、途中で演説会が中断することがないように配慮する場面すら生じたくらいである。

そういうなかで勢いにのった眞紀子は、渋谷の演説会場で暴言を吐いてしまった。

橋本と同じ派閥に属した元首相・小渕恵三を評して、眞紀子は次のようなことを言った。

「小渕は百兆円の借金を増やしておいて、『俺は世界一の借金王だ』と、ガハハッと、カブを持ち上げながら笑った。その瞬間に脳の血管が切れてしまった。オブチではなくてオダブツサンになってしまった。これは自業自得だ」

やはり、これはオーバーランした発言であろう。

総裁選の情勢不利と憂慮していた橋本派の幹部、そして野中広務あるいは幹事長の古賀誠は、この眞紀子発言というものにとびついた。

「これはけしからん、死者に対してそういう表現をするのは許せない」

と、早々に党紀委員会にかけるべきだとして、眞紀子の動きを牽制し、小泉陣営への風を少しでもくい止めようとした。

それを察知した眞紀子は、「しばらく自宅謹慎する」とみずから言って、そして二日ほどそうした。

実際に党紀委員会が開かれた。

その様子を見て、小泉は即座にこのように反発してみせた。

「党執行部は過剰反応だ。実際、自分が過去、総選挙を戦ってきた時でもそうだけれども、選挙期間中におかしいことがあったから、違反めいたことがあったからといって、所轄の警察署がすぐ選挙期間中に、選挙違反で逮捕状を取るか。そんなことをやれば、ひとつ間違えば、選挙妨害、言論弾圧になってしまうんだ。総選挙ですら警察は選挙が終わった後に摘発をするのだ。総裁選挙の最中で党紀委員会を開くなんていうことは、これはあまりにもやり方がおかしい」

こう訴える小泉に対して、世論の「そのとおりだ」という流れができてしまう。不思議なものである。

野中のミス

ますます野中・古賀は焦った。そして野中は、なんとか橋本を勝たせるために、また、かりに予備選の百四十一票の党員票で負けても、国会議員数では絶対負けないという自負心がそうさせたのか、あとから考えると致命的ともいえる発言をしてしまう。

「もし橋本政権ができたならば、今の党三役のうち、古賀幹事長、そして亀井静香政調会長については留任してもらう予定だ」

これには候補者である亀井も、

「総裁が政調会長を兼務できるのか。自分は現在、総裁になろうと必死になって戦っているのに余計なことを言わないでほしい」と、不快感を示した。

予備選の流れのなかで小泉が、「自分がもしこの総裁選に勝てたならば、人事については派閥均衡順送りという過去の弊害があるものはやめるつもりです」と訴え、そしてそれに対して世論が喝采を送っているなかで、野中はまったく逆の、派閥本位の視点での留任という話をしてしまう。これがまた実際は橋本の足を引っ張るような結果になる。

橋本陣営の誤算をあげるならば、この二つ、いわゆる眞紀子発言への対応、そして人事の約束手形の発行であったろう。

いまや、「まさか」が「ひょっとすると」になり、ついには小泉陣営の勝利も夢ではなくなってきたのである。

それでも国会議員の数の上でいえば、これはたしかに橋本派が多い。また実際、橋本派が百一名、そして森派と加藤派、山崎派、これを足しても九十八名、ここでは拮抗していても、橋本が第一位になれば、そこに江藤・亀井派、あるいは高村派、こういったところが勝ち馬に乗ろうとして実際は橋本支持に回るので、国会票ではやっぱり橋本が勝つのではないかという予想はまだ強かった。

小泉陣営がそれを回避するためには、とにかく第一回目投票で過半数を取ってしまうところまでこぎつけなければいけない。そのために当初、十二日の受付日の頃は、石にかじりついてでも七十一票の代議員票を取ろうといっていた。

それが次第に流れがいいのを見きわめながら、いや、目標は八十票だ、九十票だとなる。そして三桁をめざそうというように、どんどんどんどん目標値を上げていく。またこれが事実、功を奏してくるのを筆者は目の当たりにした。

昭和天皇の御製

また印象的だったのは、受付日の翌日の十三日、自民党本部の九階ホールで四候補の立会演説会が行われたときのことである。

演説の順番は受付順ということで、小泉は四人目だった。

最後に登壇した小泉は、その中で、一つの歌を詠じてみせた。

降り積もる深雪に耐えて色変へぬ
　松ぞ雄々しき人もかくあれ

この歌を彼は朗々と詠じて、そしてこれを詠まれたのはどなたかわかりますかと、ホールに詰めかけている衆参の自民党の国会議員、そして地方代議員の代表のほうに問いかけた。

これは昭和天皇の昭和二十一年の歌会始における御製《ぎょせい》である。

小泉は語りかけた。

「前年の八月十五日に、日本は焦土と化して敗戦の憂き目にあった。国民はみんな失意のどん底にある。そういうなかで松に託して昭和天皇は、『深雪の中で皇居にあるあの松は、戦前と同じように雄々しい緑を保っているではないか。風雪のなかに耐えているではないか。国民もあの松と同じように頑張って、国を再興しようではないか』というお気持ちを詠まれたのだ」

満員の会場はシーンと一瞬水を打ったように静かになった。筆者はこれをちょうど現場で見ていた。

このときである。筆者が、「あ、小泉は本気でやるな。この戦い、絶対勝つという意気込みを持っているな」と痛感したのは……。

冷や飯のときに

それにはちょっとした理由があった。平成六年の小泉の地元・横須賀と川崎での出来事を思い出したのである。

前年の平成五年八月に、自民党は長年の与党の座から追われ、細川護熙《ほそかわもりひろ》連立政権ができてしまった。平成六年の新年会というのは、昭和四十七年に政界入りしてから、ずっと与党の生活を送ってきた小泉純一郎がはじめて味わう野党暮らしの新年会だった。

ふつう年末には、予算編成の関係で大蔵省（現・財務省）の役人、あるいは各省庁の役人が、与党の議員のところに、それぞれ来年度予算についての事前打合せにやってくる。ところが国民の人気が非常に高い細川政権であるがゆえに、それぞれの役人はみんな自民党議員の部屋を素通りして、いわゆる非自民連立派の与党の幹部のところに説明に行く。

それを見て、

「まったくこんなのは初めての経験だ」

と、幾多の自民党議員が歯ぎしりをして年末を送った。

なかにはもう弱音をはいて、

「細川人気で、自民党は壊滅してしまう。ならば自民党にいるよりも細川さんのほうにいって与党になったほうがいいんじゃないか」

このように迷う議員も非常に増えてきていた。

そういう様子をじっと見ながら、小泉は「自分はそうはしないんだ」とばかりに、そのすぐあとの後援会の新年会で、先に紹介した昭和天皇の歌を切々と詠み上げたのだった。そして、

「自分も今、つらい。また自分を支持してくれる皆さんも今、つらいかもしれない。しかし松と同じような気持ちで、雄々しく、そういう逆境に立っている時こそ頑張り抜こう」

と、後援会の人々に訴えた。

そのときも満員だった後援会の会場が、一瞬シーンとした後、次に割れるような拍手が出てきたものだった。

筆者は思った。まさにあのいちばんの逆境、自民党から誰もが逃げようと考えだしていたときに、俺はここで踏ん張るんだとみずからを鼓舞したことに思いを馳せながら、小泉はこの四月十三日、自民党ホールでの演説に、この言葉をあえて挿入したのだろうと。

この演説は非常に反響が大きくて、終わった後、森派幹部として小泉支援に回っている重鎮たちの塩川正十郎《しおかわまさじゅうろう》や宮下創平《みやしたそうへい》などに筆者が会うと、それぞれ異口同音に、

「よかったなぁ、最後の四人目で、本当にこの演説会は盛り上がったよ。純ちゃんは最後の順番のクジを引いて、かえってよかったよ。これで行けるかもしれないぞ」

と、両者とも顔をシワクチャにして喜んでいたのが、印象的であった。

それから約二週間後の地滑り的勝利は、もう読者ご承知のとおりである。

参考までに、あらためて各候補者の四月二十四日の両院議員総会での得票数を挙げておく。

橋本龍太郎（橋本派）　一五五票
小泉純一郎（派閥を離脱）二九八票
亀井静香（江藤・亀井派）本選挙出馬辞退
麻生太郎（河野グループ）三一票
無効票　三票

亀井が出馬辞退したのは、小泉との政策協定を江藤・亀井派が直前に行ったのに起因するが、その道筋を作ったのは大勲位・中曾根康弘であるとされている。こうすることで中曾根自身が竹下亡き後のキングメーカーの座を欲していると見る向きも多い。

第二章　組閣

1　党三役を巡るさやあて

ハプニング

圧倒的多数の勝利で自民党総裁に選ばれた小泉純一郎であったが、国会での首班指名投票が四月二十六日木曜日に、衆参本会議で行われた。

このとき、ふつうは考えられないハプニング劇が生じた。

自民党、公明、そして保守の与党三党が、小泉に票を投ずるのは当然であるが、野党第一党である民主党の周辺にいる若手議員三名が小泉純一郎に投ずるという挙に出たのである。

中田　宏（神奈川八区）

田中　甲（千葉五区）

三村申吾（青森二区）

がその三名であるが、田中はこの直前に、堂本暁子《どうもとあきこ》が当選した千葉県知事選でも民主党中央に楯突いた男であるから、こういうところからも政界の地殻変動が感じられる。

いずれにせよ、小泉政権というものは首班指名においても特異な面をもっているといっていい。

江藤怒る

首班指名の前に、自民党総裁に選ばれた小泉のまず最初の仕事が、党三役を決めるということであった。これについて小泉は、当初は総裁選に出た江藤・亀井派の中から、産業経済大臣の任にある平沼赳夫《ひらぬまたけお》を、亀井静香に代わって政調会長に引っ張ろうと望んだ。

亀井自身は平沼登用に賛意を示したが、派閥の会長である江藤隆美《えとうたかみ》が、

「いや、党三役人事というのは、これは派閥会長に事前の承認を得てから決めていくもので、小泉から会長である俺のところに事前の相談はない。こういうものは俺は認められない」

と、これを突き放した。こうした江藤・亀井派のお家事情を見て小泉は、平沼にこだわらずに頭をスパッと切り換えて、新たな党三役を決めていく。

幹事長　山崎　拓
政調会長　麻生太郎
総務会長　堀内光雄

幹事長はいわゆるＹＫＫの盟友であり、政調会長には総裁選で一緒に戦ったライバルを選んだわけである。これはまったく従前の党三役の選び方とは異なる。

小泉純一郎首相誕生の瞬間
衆院本会議で第87代内閣総理大臣に指名され、拍手にこたえる。
（2001年 4 月26日午後 1 時33分）

堀内総務会長は自民党の中の第四派閥の領袖である。山崎とか麻生に至っては、それ以下の派閥である。

つまり、小泉は橋本派、森派、そして江藤・亀井派という上位三派閥をはずし、予備選中に公約していた「派閥均衡順送り人事の排除」を身をもって示す党三役人事を断行したのである。

これに対して、はずされた三大派閥、とりわけ橋本派、江藤・亀井派は、非常に冷やかな、また反発する対応を示した。

2　女性・民間人・若手を登用

「驚天動地」

党三役人事で大派閥をはずした分、首班指名の後に行われる組閣で調整するのではないかというマスコミの予想があった。しかし首相官邸に入った小泉は、それぞれ候補者に自分が直接に電話して組閣を行った。かつて小渕首相がかける「ブッチホン」というのが有名だったが、さすがに小渕も組閣では「ブッチホン」というわけではなかった。

これまでの閣僚の選考は、まず派閥の会長のところに入閣候補者の名簿を出させ、そしてそれぞれ大臣の数の何倍になるぐらいの各派から出てきた閣僚候補者名簿のなかで、総理が党三役と官房長官と一緒に選ぶというものだった。

小泉はそれをまったく無視して、小泉流のやり方、自分がこの人と思った人については、どんどん直に連絡して同意を取りつけるというやり方を、実際に実行してみせた。

首相から「この閣僚でいきたい」という閣僚名簿を渡されたとき、党三役（山崎・堀内・麻生）はあまりのことにびっくりして「驚天動地」と言って、五分ものあいだ、まったくひと言も発せないぐらいの沈黙が続いたという。

そして一番年長の堀内が、「総理がこれで行くというならば、われわれは賛成しましょう」と口をひらき、党三役すらもびっくりさせる閣僚名簿が生まれた。

橋本がヒント?

小泉の今回の組閣ぶり、一本釣りのやり方の原型は橋本が小泉を登用したときにあるといっていいかもしれない。

かつて小泉が橋本龍太郎にチャレンジしたあと、完敗した小泉に対して橋本はやはり自分は度量が大きいということを見せたかった。そこで党の要職とか閣僚などそれなりの仕事に就いてくれと何度か橋本は要請した。しかし、小泉はそれを頑として蹴って、「自分の派にはまだ入閣していない人間とか、一回大臣をやってその後久しく入閣していない人がいる。そういう人を優先させて採ってほしい」と、自分はずっと固辞していた。

しかし、平成八年十月、初の小選挙区制の下、橋本体制で総選挙が行われた。そしてそれなりの戦果というものを自民党はあげた。当時の新進党を相手に、このときは一龍戦争と言われる総選挙で、これは橋本龍太郎の勝ちという形で決着したわけである。そしてその直後の内閣改造で橋本は、薬害エイズ問題などで国民的な人気を博した厚生大臣・菅直人《かんなおと》の後任に、菅に匹敵する人気のある、そして重要政策を担える人物として小泉に再び白羽の矢を立てた。

橋本は小泉に内々で厚生大臣に就任してくれと連絡するが、小泉は、「自分がここでまたなるよりも、派としてもっとさせたい人間がいるので、私に一本釣りするような真似はしないでくれ。それぞれしかるべき人にきちっと相談してくれ」

と、はねつけた。

しかし、執拗に橋本は自分の人事案にこだわって、実際それぞれ関係者全部を説き伏せて、小泉厚生大臣が生まれたのである。また、この時の小泉自身の対応はまさしく派閥政治家のそれであるが、これも第一章で指摘したように、人間関係を非常に大事にする側面と筆者はみる。

今回の総裁選挙期間中でも、小泉が脱派閥人事を公約するのに対し、橋本はこのときの事例を引きあいに出し、「自分もそうしたことをやったことがある」と、小泉に同調を求める場面があった。

驚異の支持率

総裁選のさなかで小泉は自分がもし勝った暁には女性・民間人・若手を非常に重用する内閣を作りたいと言っていた。

そして実際、

法務大臣　森山《もりやま》眞弓《ゆみ》
外務大臣　田《た》中《なか》眞《ま》紀《き》子《こ》
文部科学大臣　遠山《とおやま》敦子《あつこ》
国土交通大臣　扇《おおぎ》 千《ち》景《かげ》
環境大臣　川口《かわぐち》順子《よりこ》

という五名の女性大臣が生まれた。

また民間人は三名。これは遠山文部科学相、川口環境相に加えて、慶応義塾大学教授で著名な経済学者を、

経済財政担当大臣　竹中《たけなか》平蔵《へいぞう》

として登用した。

また若手というところでは、

防衛庁長官　中谷《なかたに》 元《げん》
行政改革担当大臣　石原《いしはら》伸晃《のぶてる》

を抜擢した。中谷は防衛大学校卒業で制服出身者としては初の防衛庁長官である。また石原が、石原慎太《いしはらしんた》郎《ろう》都知事の長男であることはよく知られている。

この新内閣では、やはり田中外務大臣、竹中経済財政担当大臣、石原行革担当大臣の三人が際立った目玉商品という感があるが、まさに約束は実行されたといえよう。

小泉新内閣が発足　初閣議を終え記念撮影
初閣議を終え、記念撮影に納まる小泉新首相（手前中央）と各閣僚。
（４月26日夜、首相官邸）

派閥的にいえば、結果としては森派が三人（福田官房長官、塩川正十郎財務相、尾身《おみ》幸次《こうじ》科学技術・沖縄北方対策大臣）だが、とにかく今までのように最大派閥の橋本派が、当然のように四つか五つのポストを得るのではなくて、橋本派が得たポストは実際に二つにしか過ぎないというのは、やはり小泉流の人事というべきだろう。

この党三役と閣僚人事が発表された直後に、マスコミ各社は小泉新内閣についての世論調査を行った。すると、驚くべきことに細川政権を抜く、高いところで八八パーセント、低いところでも七八パーセントという史上最高の結果が出てきたのである。

おそらくこれは、「小泉さんは総裁選で約束したとおりのことを実際人事でやってみせた。これはやはり実行がともなう内閣ではないか、大きな改革をしていく内閣ではないか」という期待感からの数字であろう。

しかし、このある意味、異常ともいえる高支持率は、小泉内閣にとって、よかれあしかれ十字架ともいうべきものである。

お手並み拝見

こういうブームに支えられる小泉新政権に対して、今回、一敗地に塗れた橋本派、あるいは江藤・亀井派の議員たちは、非常に冷やかに、

「こんなブームは一時的なものだ。こんな派閥の序列を無視した人事で、内閣がうまく機能

するわけがない」

と言っている。

いったい小泉内閣はどこまでやれるのか。最初の出だしが超高支持率であればあるほど、ちょっとしたことで国民から失望感をまねけば、いっぺんにそれが急落して不安定な政権になってしまうだろうという批判である。その背後には、その時にはまた自分たちが復権するのだという思いが見え隠れしている。

その時期は二〇〇一年七月の参議院選挙が終わる頃である。要するに小泉政権というのは三ヵ月から四ヵ月経たところで、大きな正念場を迎える。

そんなに長期政権にならない、またそうはさせないと、橋本派あるいは江藤・亀井派の幹部クラスは、これからの巻き返しを虎視眈々とねらっている。

3　攻めあぐむ野党、石原慎太郎の憂鬱

なかばヤケッパチ?

他方、野党はといえば、やはり小泉人気に対して重大な脅威を感じている。六月の都議選、あるいは七月の参議院選、これは森政権のままならば自民党が完全に敗北する。野党の各党首はそう予感していたのだが、まったくいっぺんに風向きが変わってしまったのだ。

そこで、小泉総理の「改革」については、言葉が踊っているだけで、実際は具体性が一切見えてこないという批判の仕方をする。

鳩山由紀夫民主党代表は「小泉のいうことには具体的なものがない。それに対して自分たちのほうが改革ではむしろ先輩格だ」と言うし、あるいは土井たか子社民党党首は「小泉商店というのは、陳列棚は立派だけど、いざそのお店の中に入っていくと中身は空っぽではないか」と批判する。

また、自由党の小沢一郎党首は「小泉が言う『変革』は、言葉遊びだ。改革とか変革とい

うのは、そんな言葉通りに簡単にいくものでない。言葉を弄んでいるのではないか」と挑発した。

さらに共産党の志位《しい》和夫《かずお》委員長は、小泉の所信表明演説を聞いて「演説の中に『改革』という言葉が四十ヵ所近くも出てきた。四十回近くも出てきているわりには、まったく現実味・具体性に欠けている。これはおかしいし、小泉新総理は国民に痛みを分かち合ってほしいと言っているけれど、それは政治としてはおかしい。国民に痛みを与えないのが本来あるべき政治の姿で、その出発点からして誤っている」と言う。

しかし批判するそれぞれの野党党首の口撃というのは、実際は彼らが夏の参議院選で、自分たちに追い風が吹いていると思っていたのに、小泉新総理の誕生で、一気に逆風に変わってしまったことからくる焦燥感のなかで、なかばヤケッパチ気味に批判をしているという域を、なかなか出ていない。

いやぁ、息子まで人質に取られたんだから

ところで、小泉内閣誕生について、いちばんある種の感情をいだいているのは石原慎太郎都知事ではないだろうか。現在、強いリーダーシップをもって東京都知事の任にあって、国民から、いずれ近いうち日本の総理に、と期待も高かったのだから。

石原は小泉新政権が発足し、そこに自分の長男が入閣しているという事実を見ながら、記

者団に「どう評価するか」と尋ねられて、

「いやぁ、息子まで人質に取られたんだから、この内閣をそうかんたんに潰せとは言えないよなぁ。一日でも長く続いたほうが息子のためになるんだ」

と言って、やや苦笑のうちに、若干シナリオが狂ったという困惑も隠せないようすで対応していた。

石原もまた、国会議員であった時代に、総理をめざしていた。しかし実際には田中派・竹下派という数の力が厳然としてある。元来、人間関係をうまく構築していくことがけっして得手でない石原からすれば、数の力がのさばり歩くところで自分が総理になるのは無理だと思われたであろう。

しかもかつて田中角栄批判を強烈にしたしこりが残っていて、いわゆる最大派閥からは絶えず目の敵にされている。そういう限界をいろいろ感じて、石原は国会議員勤続二十五年の永年表彰を受けた時に、謝辞のなかでその矛盾を突き、もうこれで自分はひとつの区切りをつけ、ここで国会議員を辞めると、まったく予想もしないような発言をして自ら議員バッジを外した。

その後、石原は永田町あるいは自民党の数の論理に見切りをつけ、バイパスを使って総理になる道を狙っていた。それには東京都知事になるコースがあるのではないかと慎重にチャンスをうかがっていた。

そしてそのチャンスが平成十一年四月に訪れた。

これもしばらく目を離せない

当時、青島幸男《あおしまゆきお》の後を受けて、鳩山邦夫《はとやまくにお》、舛添要一《ますぞえよういち》、明石康《あかしやすし》、あるいは柿澤弘治《かきざわこうじ》といった非常に賑やかな顔触れが都知事選に立候補した。それらの姿を見ながら、石原は「後出し」と言われるようなかっこうで、顔触れが出揃ったところで突如として出馬表明した。この「後出し」が功を奏して、彼は圧倒的な勝利をおさめて都知事に当選した。

当選した後の彼は、国がやらないことを東京都が先にやって、そして国がそれに追従するのだというスタンスをとり、外形標準課税、あるいはディーゼル車乗り入れ禁止などの諸政策を打ち出した。あるいは、カジノを開いて東京都の財政を立て直そうという、国にはなかなかできない独自プランを出した。

おそらく石原の目論見は次のようなものだったのではないか。

①今後一～二年で、ますます都知事としての自分のリーダーシップを発揮すれば、人気もどんどん高まってくるだろう。一方このまま中央政界が橋本派支配体制で、森政権の不人気が続く、あるいはポスト森にしても野中広務とかあるいは橋本龍太郎などの政権が生まれれば、参議院選で自民党は大惨敗して分裂するだろう。そういう姿を見据えて、

秋には新党を立ち上げ、そして石原新党で衆議院選を戦う。

②その時には自らも都知事を辞め、そして新党の党首として、夏の参議院選で惨敗した自民党の、分裂した一方の勢力と石原新党が連立政権を組んで、石原内閣をつくる。

小泉政権の誕生でまったくそのシナリオが絵に描いた餅に帰してしまった。石原慎太郎からすれば、またあらためて新たなシナリオを作りなおして、かつては同じ派閥の弟分であった小泉純一郎を相手にしなければならない。

さて、もう一度チャンスがめぐってくるかどうか。石原がこれからどういうシナリオを描いてその悲願を達成しようと挑んでくるか。これもしばらく目を離せない注目事項になる。

第三章　政治観

1　三つのポイント

政治家小泉の背景

筆者は長年にわたって小泉純一郎という政治家をみてきた。

そのうえで、どういう思想的背景が彼にあるかということを考えたとき、三つの要素があると思う。

一つ目は、祖父・又次郎、父・純也と三代続く政治家の家に生まれたということ。

二つ目は、彼が横須賀に生まれ育ったということ。

ここにはいわゆる「軍港」がある。小泉の選挙区の神奈川十一区（旧神奈川二区）というところは、ある意味でいえば沖縄と並ぶ日米安保の最大の拠点基地なのである。また、父の純也が、池田政権の最後から佐藤政権にかけて、防衛庁長官を務めていたことも見逃してはならない。また、慶応義塾大学卒業と同時にイギリスに留学したことに象徴されるように、日本はどうあるべきかということ、世界に開かれた目の必然性というものが、少年時代から知らず知らずに育成されていたのではないか（なお、以上のことについては第二部のほうで多くを論ずることにする）。

首相就任後、小泉の改憲志向、靖国参拝発言などが取りあげられ、そのタカ派ぶりを危険視する向きも出てきている。空前の支持率を背景に、わが国をどこに導こうとしているのかを危惧するのも無理からぬところもあるが、本章では新首相の外交・防衛感覚についても触れてみたい。

三つ目は、いざ政界入りする時が、ちょうど田中角栄、福田赳夫の角福戦争真っ只中であったこと。

小泉といえば「郵政三事業民営化」が看板のように思われ、事実そうではあるのだが、ではなぜ彼がそのような主張を執拗に繰り返すのかは正面から考える必要がある。

かたや高等小学校卒・建設業経営からのしあがった経済拡大財政論の田中角栄、それに対抗する東大・大蔵省出身で財政破綻は絶対に起こしてはいけないという緊縮財政論者の福田赳夫、この両者の抗争劇を目の当たりで見てきた小泉のなかに政治家としてどのような認識がめばえたのかは興味深いところである。

国の根幹を考えつづけてきた男

そういうしだいで、国会議員として日が浅い頃の小泉純一郎は、一面では防衛問題、そしてもう一面では財政問題を手がけ、大蔵族と呼ばれる畑を中心に歩んできた。

二度目の挑戦で初当選を果たし、登院する小泉純一郎。
（1972年12月22日）写真提供・神奈川新聞社

防衛であれ、外交であれ、そして財政であれ、国の根幹を成す大切な政策である。

小泉純一郎とは入閣するまでは、こうした分野を中心に据えて政治活動を行ってきた男であることに注意してほしい。

竹下政権で厚生大臣として初入閣。次の宇野宗佑《うのそうすけ》政権でも留任する。宮澤内閣の郵政大臣を挟み、橋本内閣で、また厚生大臣を二期続ける。ここで今度新たな分野として、いわゆる社会労働（社労族）、厚生、福祉問題のオーソリティーとしても、さらに枠を広げてきたところだ。

これが政治家としての小泉のおおまかな歩みである。

2　郵政三事業民営化と構造改革の真意

耳に痛いことでもいう

福田赳夫を師とする小泉純一郎は、膨張経済あるいは膨張財政は、国を破綻させるということを前から非常に察知していた。

大平政権の時に税制の直間比率の見直し、間接税への依存度をもっと高めなければいけないとして、一般消費税が主張された。また中曾根政権では売上税を導入しようとした。

この二つはどちらも失敗しているわけであるが、いずれにせよ、間接税導入に対して、小泉はそれをある程度支持してきた。やはり広く薄く、それぞれの消費のなかで間接税を増やしていくのは、財政上も好ましいことだし、また税の公正の観点からいっても、実際、消費量というのは個人差があるわけで、ある意味ではこれが公正ということになるのではないかというわけだ。

そして公平な税制をきちんと構築しながら、財政再建に取り組んでいく必要があるというのが彼の持論である。

ややもすると「新税は悪税なり」と国民から反発されるなかで、小泉純一郎は、「国民に耳の痛いこと、苦いことを言うのが本来の政治家の責務ではないか」と、長年、主張しつづけてきた。俗にいう「良薬は口に苦し」である。

ふつう、当選本位で考えると、どうしても甘いことばかり言ってしまう。アメばかり与えるのが政治家のありようみたいになってしまうけれども、自分は断固そういうことはしないのだという信念のもとに、選挙では非常に不利になることを知りつつも、間接税導入に対して自分は賛成だという主張を、選挙の度に展開していた。「変人」といわれる理由の一端もおそらくこのあたりにある。

秘書は語る

講談社の雑誌『現代』(二〇〇一年五月号)で小泉の政策担当秘書の飯島勲《いいじまいさお》が「大物秘書が語る小泉純一郎という『劇薬』」と題する談話を寄せている。そのなかにたいへん興味深いエピソードが紹介されているので引いてみる。

例えば、大平内閣の時の総選挙(昭和54年)で、一般消費税の導入が争点になった時のこと。野党はもちろん反対、自民党の議員たちも、落選を恐れて賛成するとは言い出せません。

ところが小泉だけは、政見放送やビラなどを通じて、いかに一般消費税が日本の財政のために必要かを、声を大にして訴えたのです。大倉真隆・大蔵事務次官は、職員を集めた訓示のなかで、「与野党含めて一般消費税導入が必要だと政見放送で堂々と述べてくれたのは小泉純一郎先生だけだった。感激の至りだ」と述べたそうです。

小泉純一郎の選挙区で注目されるのは、そういう小泉候補本人の主張に対して、有権者あるいは後援会が非常に好意的に理解してくれるということだ。これは他の国会議員に比べて非常に希有なケースで、そういう耳に痛いことを言う政治家こそ本物じゃないかという支持者さえいる。あるいは選挙区にしょっちゅう帰ってきて地元サービスに日々余念がない政治家よりも、選挙区に帰らなくて国会の中でいろいろ国政問題に真摯に取り組む人こそ、本当の政治家だという向きもある。

小泉は良き理解者、後援会の人間に恵まれているのである。

バラマキの水源を断て

さて、小泉純一郎といえば「郵政三事業民営化」を「行財政改革」の切札にしようとしていると思われている。これを評して、ややもすると「小泉はもともと大蔵族だ、だから銀行を擁護するために郵政とくに郵便貯金をつぶそうとしているんだ」という向きもあるわけであるが、これはうがちすぎであろう。

福田赳夫の薫陶をうけ、健全財政があって、初めて一般経済が健全に機能していく、また財政と経済というクルマの両輪がうまく動くと考えるのが小泉である。そんなに大きな、派手な成長をたえずしなくても、低成長率でも着実な歩みをすることのほうを良しとする思想が小泉には染みついている。総裁選で亀井、麻生と際立った対照を示したのは当然だったのである。

つまり彼は政治家が人気取りのために大盤ぶるまいをする、すなわち過度に公共投資を増大させることに対しては、頑としてそれを認めないという一貫性を持っている。そして二五〇兆円の郵便貯金を原資とする財政投融資こそがバラマキ公共事業の元凶だと考えるがゆえに執拗に「郵政三事業民営化」を唱えているのである。

だから小泉の説く郵政三事業民営化論に反対の人も、いざ小泉本人と直接会って議論すれば、小泉のほうが相手を説き伏せるというぐらいに、財政問題に対しての長年の勉強の積み重ねがある。

小泉は自民党の中、あるいは日本政界の中でも有数の財政通なのである。

彼のこの分野の主張については、彼自身の著書、『郵政省民営化論』『官僚王国解体論』などに詳細が記されている。

橋本行革との手法の違い

財政がらみで、小泉がここのところずっと主張しているのが、構造改革である。新政権ができたとき、所信表明演説でも、「聖域なき構造改革」をこれから求めていくと小泉は述べた。「構造改革なくして日本の再生と発展はない」とまで彼は説く。

彼が求める構造改革は、

▼経済
▼財政
▼行政
▼社会
▼政治

にわたる。

彼は既得権益社会に風穴をあけるために、また国の政治のために行財政改革が絶対必要だと強く主張してきた。そして当然、省庁を簡素化し、効率のいい業務体制をつくっていくことを説く。

その突破口が郵政三事業を基軸にする、いわゆる「財政投融資の見直し」である。そのなかで特殊法人の数を減らすようにしていく。そこを足場にして、中央官庁に切り込んでいこうというのが、小泉流行革の主張の核心である。

このあたりは橋本龍太郎とは考え方を異にする。橋本は、まず二十二ある中央の省庁をいくつまでに圧縮できるかというところから出発する。そして、省庁の実際の数を減らすことに、行革の狙いを定めた。平成十三年（二〇〇一）一月六日から実施された一府十二省庁という形態は、この橋本流行革の結晶である。

しかしこの一府十二省庁というのは、たとえば現在、扇千景大臣の下にある国土交通省に代表されるように、かつての国土庁とあるいは運輸省、建設省というように、二つとか三つの省庁が一つの省庁に合併・統合させられて、非常に巨大な官庁が生まれてしまったとの側面を持つ。

従来の、いわゆる官高政低という視点でいうと、強い官庁が生まれることによって、今までの弊害がより強まったのではないかとの疑念は、拭えないところがある。

小泉の手法はそうではない。無駄遣いというものを止めさせて、まず歳出カットをして、それが財政再建にも寄与するのである。その後に、今度は当然、役人が多いならば役人の数も減らすという手順を踏む。かくして中央省庁というものを再編していくという手法でいこうとする。

実際に平成七年（一九九五）の橋本対小泉の総裁選挙の直前に、筆者が橋本にインタビューした際に、橋本は、

「小泉氏の見解は尊重するが、財政投融資に替わる資金を、民間資金でカバーできるかとい

う疑問を抱かざるを得ない」

と答えている。

結果的には、橋本が先に総理になったために、一府十二省庁というものが現実の形となった。これから実際小泉政権もこれを引継ぐわけで、ある意味でこれは政と官のせめぎあいである。巨大化した官に対して政治のリーダーシップ、特に大臣がどれだけ各官庁を実際リードできるかという大問題をはらんでいる。

政治の世界と、官庁の激しいせめぎあいが、まさに小泉政権から本格的に展開されていく。今後の推移については、われわれも厳しく見守っていく必要があるのではないかという気がする。

借金と国民の元気

今の日本の閉塞感を打破するために、小泉純一郎は、国債発行はこれから年間三十兆円以内に抑えると主張した。

この主張の背景には、いわゆる橋本六大改革が三年前の参議院選で失敗して以降の経緯がある。

小渕・森政権では、むしろ財政再建よりも景気回復を先行させなければいけないというので、ややもすると補正予算を積み増ししてでも、公共事業に依存した。

小泉には、こういうやり方は旧態依然としたものだ、という思想がある。

高度経済成長時代にはそういう流儀も通用したし、それなりの効果も出た。しかし、こと今日に至って、そういうやり方は、国の財政悪化を引き起こすだけだ。目先の数兆円、二兆円とか三兆円程度の補正予算の積み増しぐらいで、日本の景気が抜本的に良くなるわけがないのだ。

小渕・森政権の誤りは、ここで一回、原点に戻す必要があると考えて、彼は三十兆円以上の国債を発行しないという縛りをかけたのだ。

また財政再建については、たしかについ先年まで、いわゆる国の赤字というのは四百数十兆円だとされていたものが、この一、二年の間に六百四十五兆円というまでに膨らんでしまった。これは地方と中央を合わせてであるが、とにかく一気に膨らんでしまった。

いずれにせよ、国家予算編成の際に歳入が五十兆円前後しかないのに、八十兆円以上の歳出を算出するために赤字国債で穴埋めをしていく従前のスタイルは、明白に限界に達しているのだ。

これについては福田イズムに基づく財政再建のあり方というものを、小泉は当然求めていくだろう。

ただ、過剰宣伝というか、これだけの債務があるんだということばかり強く前面に出ると、かえっていろいろ国民の士気にも響く。これだけの借金があるけれど、日本は国際社会の中で債権国なのか債務国なのかということを考えると、アメリカが債務国であるのに対して、日本はむしろ債権国なのだから、ここは悲観しないで、やはり前向きな体制で赤字をどんどん減らしていくというのが望ましい。

ここで問題になるのが景気というか、国民の元気である。これをどういうふうに持ち直させていくか。

総裁選に出ている頃の小泉は、一候補として、場合によればマイナス成長であっても財政再建というものに力点を置くべきだと唱え、ライバル候補からは、小泉は国民の痛みよりも、財政再建を大事にしているという批判を浴びたわけであるが、けっして彼は現在の景気というものを軽んじているわけではない。

むしろ小泉のほうからすれば、財政への危機感を企業経営者、あるいはそれぞれの国民が抱いてくれることを望んでいる。その危機意識から景気回復の道というものは始まっていくのだという信念に、彼の行動は裏付けされているのである。

国民よ、頑張ろう

政治家として目標値を掲げる、あるいはその目標へ向かっての手段とかタイムリミットを国民に明言するという政治スタンスは、ある意味でいえば福田赳夫流である。

かつて田中内閣末期の狂乱物価の時代、政敵・田中角栄に請われて蔵相の任についた福田が就任早々「日本経済は全治三年」と言い切ったことが、どれだけ人心を安定させ、鼓舞したか。

小泉は海外の政治家ではチャーチル、国内では福田赳夫を尊敬すると言ってはばからない。目標値、それも中期の目標値を掲げて、「これが達成されればその先にこういう夢のある社会が生まれてくる。それまでは歯を食いしばって頑張ろうじゃないか」という、国民とともに、お互いに耐えるところは耐えようとする政治スタイル。おそらくこれが、小泉の理想なのであろう。

しかし小泉が総理として、首相官邸から声高々にそういうことを百万遍のお念仏みたいに唱えていても、なかなか国民の理解は得られないで、空回りする怖れがある。だから彼は、かつて行われていた国民との直接対話、各都道府県での一日内閣というものをこれから始めようとしているのではないか（所信表明演説ではタウンミーティングを説いていた）。

各都道府県単位でそれぞれの地元有権者が国のためにどういう要求をするか、その生の声を直に自分が聞きにいくかたちで、国民とこれから二人三脚で構造改革を成しとげ、中期展望のなかで、夢の世界を追い求めようではないかと、小泉純一郎は語りかける。

3　タカか、ハトか

きちっと言う

小泉については総理就任前から、外交にうといのではないかという懸念が一部でささやかれている。

たしかに外交畑の要職に就いたケースはない。ただ、筆者の見るところ外交に対するスタンスはしっかり構築されている。総理就任の記者会見で「国際秩序からは絶対に逸脱してはならない」と発言したことは記憶しておいていい。

そして、

「外交の基軸は確固たる日米関係がすべてだ」

というのが彼の外交に対する大きな基本的信念になっている。

その一方で彼が外交問題でいちばん大切にしているのは（ここは評価の分かれるところかもしれないが）、

「日本の外交というものはややもすると遠慮している。やはり言うべきことはきちっと言うべきだ」

ということである。また「国益を守るというのが、外交でいちばん大切なことだ」と常々口にしている。

内政面でも、彼自身の政治スタイルのなかに、「言うべきことはきちっと言う」なるものが基本にあるのだが、「やはり外交に対しても毅然たる姿勢を当然貫くべきだ。対アメリカにでも言うべきことはきちっと主張する。むこうの言いなりになる、唯々諾々としていることは決して好ましいことではない」と考えているようだ。

クエールに一歩も引かず

先にも紹介した雑誌『現代』の飯島秘書の談話には次のようなくだりもある。

平成3年にクエール米副大統領が訪日したときのことです。加藤紘一、山崎拓、石川要三（元防衛庁長官）、瓦力（元防衛庁長官）、それに小泉の五人だったと思いますが、アメリカ大使館の昼食会に招待されました。

その時、クエール副大統領は、「在日米軍の日本側が負担する駐留経費を大幅にアップするように」と迫ってきました。四人は「前向きに検討します」と同意の意向を見せましたが、小泉だけは「ノー」と突っぱねました。

クエール副大統領は、「なぜノーなんだ、アップしなかったら在日米軍を全員撤退させるぞ」と発言。皆沈黙する中、小泉は「出ていくなら出て行け」と応じました。「在日米軍がなくなったら一番困るのは日本だぞ」と副大統領が畳みかけたそうです。しかし小泉は「困りません。日本国民は日米安保のありがたみを再認識すると同時に、自主防衛力を強化し真の独立心が生まれるでしょう」と答えました。クエール副大統領他、出席者は皆、慌てて、「今日のこの話はなかったことにしよう」と言ったそうです。

クエールはブッシュ政権の副大統領だった。ちょうどこの本が発売される前後に、小泉は総理として訪米し、ワシントンで息子のほうのブッシュ大統領と会う。

現実の直視

筆者は小泉の政治姿勢からして、国民に向かってかなりの剛速球が投げ込まれるのではないかと考えている。おおざっぱではあるが、いくつか箇条書きにしてみたい。

①日米関係の中で「周辺有事」に対して小泉政権はある程度前向きな対応をしていくことが予想される。また、この問題に絡む集団的自衛権に臨む姿勢も同様。「周辺事態」という言葉をめぐっては国会で詐術にちかいともいえる議論が展開されたが、多くの国民は無関心だった。小泉はおそらくアイマイな態度を取ろうとはしないだろう。

②また、認識された「周辺地域」で「有事」が生じたときに、日本は実際どこまでアメリカ、あるいは国連軍というものに対して後方支援ができるのか。いざ戦場となれば、どこからが全面援助で、どこまでが後方支援かということは識別しにくい。そのなかで、「ある程度今までと違ったかたちの『前向きな対応』というものを、これからの日本がなしていかないと経済にマイナスの方向ではね返ってくることもある」という考え方も出てくるだろう。戦後日本は一貫して経済至上主義でやってきたが、その論理が反転することもありうることを、国民は認識する必要がある。

これは以下のような考えによるといえる。

A日米安保条約という片務条約が、日米関係あるいは日本の経済の中にいろいろ大きな影を落としてきている事実は否定できない。片務条約とは、アメリカがやられたときは日本は助けに行けないが、逆のときは助けに来てくださいということ。この枠のなかで、日本は経済成長をずっと成し遂げてきた。それに対してアメリカの経済界からいろいろな批判が生ずるのは、やむを得ない。

B一部の世界的企業を除き、多くの産業で日本は保護貿易的な政策を行なっていると見なされている。自動車にしろ、建設問題にせよ、携帯電話とかIT関連、いろいろな問題でアメリカから強く譲歩を迫られるのもそのせいだ。そういう弱い部分が日本の不況を招いている要素もある。

C以上のことを考えると、日米が経済問題で打々発止とやり合うためには、安保条約で担っているいわゆる片務条約のハンディを克服していく必要がある。日本がこれから改憲というところまで行かなくても、憲法解釈とか、現時点でできる範囲でどこまで対応していくか。さしあたり、有事が生じたときの周辺諸国という「周辺」は、どこまでを対象としているのかを日米両国でこれから明快にしていくことが望ましい。

要するに「経済至上主義であればハト派というように簡単には括れない」という事実が国民の前にあらわにされる可能性があるのだ。

アメリカの首脳に対して小泉がこれからの日米関係を、どのように「きちっと」構築していこうとするのか。両国関係の中で日本が守るべき国益というものは何かということを国民も注視していかねばなるまい。

近隣諸国の問題

次にいわゆる近隣諸国の問題。ブッシュ政権は中国に対して、前任のクリントン政権よりも非常にきつい姿勢を示している。それを日本はどう受け止めながら、これから対中国・韓国、あるいは北朝鮮に対して日本の姿勢を示していくべきなのか。

これもちょうど小泉政権ができるころからいろいろな問題が発生した。

中国、韓国に対しては、

①台湾の李登輝前総統の訪日問題。李前総統が入国ビザを現地で申請しているが、日本はそれを受理していないというところから始まって、病気治療で来ても入国させるべきか否かで騒ぎとなり、中国にいろいろ気をつかいながら対応が非常に遅れた。

②セーフガード発動問題。日本の不況、特に零細企業や農業が不況にあえぐ理由に、中国から安い農産物あるいは衣料品が入ってくることをあげる向きがある。そこで日本が一時的にこういう品目の輸入制限を中国に申し入れたところ、中国の反発が非常に強い。

③教科書問題。この問題は一時沈静化していたのが、いわゆる「つくる会」の教科書の検定合格を機に日本の歴史観というものが再び問われている。

こういう事柄に今後、政府、国民はどう対応すべきなのか。

キム・ジョンナム？

皮肉なことに、小泉が総理になった直後に成田空港に北朝鮮のキム・ジョンイル（金正日）の長男であるキム・ジョンナム（金正男）ではないかと思われる男の、偽造旅券での入国問題が出てきた。この対応をめぐって国内も、意見と役所が二分した。

「ビザを見る限り、去年の十月と十二月に不正入国がなされている。つまり男は常習犯なのだから、日本に長期にある程度拘束して調べ上げるべきだ」と主張する警察畑、それに対して、「そういうことをすれば、対北朝鮮あるいは友好国である中国の神経を逆なでするから穏便に処理すべきだ」と主張する外務省の対立である。

実際は「シンガポールから五月一日の午後三時四十分成田着」という事件の概要が公表されたのは四十八時間後であった。この四十八時間で両省庁のせめぎあいがあったのだが、結局、小泉は三泊四日のところで強制帰還させるというかたちで中国経由で出国させる選択をした。

これに対して「外務省主導の弱腰外交だ。それに小泉総理は唯々諾々と乗せられた」といって、批判する議連（議員連盟）をつくろうとする動きすら起きた（そのなかには総裁選で小泉支持にまわった平沢勝栄もいた）。


教訓は……


「キム・ジョンナム事件」の教訓とはなんだったのか。

筆者は日本の入国管理システムの甘さをどう是正していくかの問題だったと思う。

入国管理業務そのものの担当は法務省である。その延長線の「いろいろ問題がある場合の担当は警察庁」という日本古来のタテ割り行政の弊害というものが今回の事件で露呈した。

入国管理の水際作戦ということを考えるならば、ここのところだけは少なくとも担当省庁は一本化して、もっと敏速な対応をしていくべきではないか。

ややもすると日本はそういうところが非常に甘いので、スパイ天国だといわれるような入国体制に対して小泉政権が、外務省寄りだとか警察庁寄りというようなタテ割り社会をむしろ逸脱したかたちで、明日に向かってもっと現状にマッチした、シビアで合理的なシステムをつくれるかどうか。これこそが当面きちっとしなければいけない命題ではないか。

もちろん不法入国者の扱いを改め外国人労働者を積極的に受け入れ、共生する社会をつくるべきだという意見もあろう。

いずれにせよ、小泉政権が「タブーなき改革」を掲げる以上、それは経済問題だけにとどまるものではないだろう。外交姿勢をも含めるトータルな面での、日本のアイデンティティに関するものでなくてはならないのだ。

改憲派?

小泉政権というのは野党とか一部マスコミから、いわゆる「有事」が生じたときの対応の仕方、あるいは靖国神社参拝問題、もろもろのことでタカ派政権ではないかと思われはじめている。

最大の問題はいうまでもなく憲法第九条である。これには日本の国連安全保障理事会常任理事国入りという懸案がからんでくる。

常任理事国入りを狙えば、どうしても国際社会の中で有事があったときの日本の貢献すべきあり方が問われてくるようになる。つまり、国際貢献というのは、

「日本は従前どおりにカネは出します。そして汗も流します」

という対応であるべきで、有事のときに後方支援だけの対応ではいけないということだ。むしろ、「場合によれば血も流します」というところまで踏み込むのが先進国としての責務ではないかという視点から、今の九条をもっと早く手直ししなければいけないとする急進改憲派グループというべきものも実態としてある。

これはいろいろの見方ができるが、政治家でいえば中曾根康弘あるいは小沢一郎といった人。彼らは、

「九条についても改憲をなるべく早くやるべきだ。それでこそ普通の国として国際社会で対応できるのではないか」

と考える。

その対極として、

「戦後五十余年の日本の平和と繁栄は、九条があったおかげだ」

という絶対護憲派もある。この代表は社民党の土井たか子党首になる。

憲法問題は極論すればこう二分されるのだが、国民の中でも改憲に対しての考え方がだんだん理解を示されるようになってきた。

さて、小泉純一郎のスタンスはどうだろう。しいていえば急進改憲派でもなく、かといって絶対護憲派でもない、穏健改憲派といえる。

五十年過ぎるうちに実情とそぐわない要素もいろいろ出てくる。そういうものをあれこれ視野に入れながら憲法九条というものに対する考えも収斂《しゅうれん》していく。

憲法を変えうるのは……

いま小泉が「首相公選論」というものを声高らかにぶち上げている。

首相公選論といえば中曾根康弘のそれが有名だが、小泉にすれば、この十年前ぐらいから頭の片隅にあった改革の方法である。そのころからますます強まった田中派→竹下派の支配。永田町のなかでの数の論理で日本の総理が決められていく現状。そうした壁に風穴をあけるためには、国民が直接に首相を選ぶような仕組みをつくらねばならないという思いが一つの要因としてあったのだろう。

さて、首相公選を実現していくうえでは、憲法を一部見直さないと、天皇制といろいろバッティングする要素もでてくる。

だから改憲問題を考えようというのが小泉の考えのようだ（天皇制と憲法については女帝の問題もあり、山崎拓が積極的な提言を行なっている）。

実際に憲法を改正しようとすると、国会議員の三分の二以上の賛成と、国民投票で過半数の賛成というプロセスが求められる。

小泉は以前から、

「そういう二つのハードルがあるのだから、改憲というものは今日明日にいっぺんになされるものではない。民意を大切にしながら、必要ならば改憲するのがいい。仮に国会議員が三分の二の勢力で改憲と言ったって、民意がそこに及んでいなければそれはそれで致し方ないことだ」

と、よく口にしていたが、彼が求める改憲とはそういうものである。

結局、小泉が言いたいのは、

「国民主権である以上、憲法を変えうるのは政治家ではなくて国民自身なのだ」

という単純明快な事実である。

第二部

人間　小泉純一郎

●前ページ写真
自宅の縁側でカメラに納まる小学生当時の小泉純一郎（左端）。
（右へ）祖父の又次郎、弟の正也、父の純也。
＝撮影年月不明、横須賀市（写真提供・神奈川新聞社）

第四章　三代の風貌

1　自然体の男——永年勤続表彰辞退

静かな政治家

今回（二〇〇一年四月）の自民党総裁選挙のときに、小泉純一郎は候補として、政令指定都市を中心に各地をまわった。四候補そろって出演してほしいという、テレビ出演の依頼も非常に多かった。小泉に同行するのは、主として森派の若手議員であった。

彼らは異口同音に次のような意味のことを語った。

「小泉純一郎という人が国会の中で大声で、あるいは会合でテーブルを叩いて演説するさまを見ると、非常に雄弁で、ふだんからも多弁な人と思われがちだが、実際は非常に無口である。どちらかというと、人の話を聞くタイプの政治家で、ある問題について自分の意見を尋ねられるときも、いちばん短い答えで『そうだ』とか、『違う』と答えることが多い。だから小泉さんと一対一で会うと、こっちのほうが多弁にならざるを得ない。演説場やいろいろなところでやっているのと実際は全く違う、静かな政治家である」

また、ある議員は、

「今まで僕らは小泉さんと一対一で会う機会が少なかった。総裁選で車に一緒に乗って次の会場へ向かう場面になると、車の中は若手議員と小泉さんの密室になる。めったにない機会だ。自分のときもそうだったが、ほかの連中の何人かに聞くと、とにかく小泉さんは何もしゃべってくれないし、自分が一生懸命話しかけても最短な答えしか返ってこないから、同乗していて非常に神経をつかうと言っていた」

と述べた。

総裁選で小泉がテレビ局にかけもちで出演していた際、ある議員はたまたまこんな光景を目撃したという。

「四候補のうち、小泉さんの車がある局にいちばん早く着いた。そこでテレビ局の横の路上に停車して、時間調整していた。それを見つけた通行人が、車を指さしながら『小泉さんが乗っている、小泉さんが乗っている』と言ったら、小泉さん自らドアを開けて、『やあ。テレビ局に早く着いちゃったから、しようがないから、ここで時間調整をしているんだよ』と説明した。ホントにびっくりした」

この議員は続けて言った。

「こんな場合、自分が今まで知っている先輩政治家だったらむしろ寝たふりかなんかしてやり過ごすことが多いのに、自分から説明する小泉さん。これが『変人』といわれるゆえんの一つかな」

大阪城にて

第一部でくわしく触れたが、行財政改革のあり方をめぐって小泉と橋本龍太郎の考え方はかなり違う。初めて総裁選を橋本と戦ったときも、小泉の「郵政三事業民営化」に焦点をあてたあり方がいいのか、橋本が唱える省庁統合に象徴される行財政改革のあり方がいいのか、非常に活発な議論が展開された。これは小泉の知名度が一気に上がっていくきっかけともなった。

その総裁選が終わってしばらくしてのことである。小泉はある通信社の講演会の講師として大阪に出向いた。講演を終えて、帰りの新幹線まで時間が一時間半ぐらいあまったので、主催者側が「せっかく大阪へ来たのだから、見たいところはないですか」と尋ねたという。すると小泉は「大阪城を見たい」というので案内をした。

大阪城を見て歩いているときに、たまたま修学旅行の女子高校生のグループがいた。彼女たちがめざとく、「あ、この間、総裁選に出た小泉さんだ」と見つけて、黄色い声の大合唱で「小泉さん、がんばって！」と声援を送ったら、小泉はそれを見て、うれしそうに手を振って応えていたという。

なぜ、このようなことを知っているのかというと、実はその一ヵ月後に、同じ主催者に頼まれて筆者が講演に行ったら、

「実は一ヵ月前に、こういう光景があった。私は長年、いろいろな国会議員の講演会をセットしてきたけれども、ああやって女学生に黄色い声で声援を浴びせられて、それに何のてらいもなく手を振って応えている政治家の姿を初めて、この目で見た。小泉という人には、どこかアピールする力があるのだな」

と感心していたからである。

山崎拓は語る

五月九日、小泉の所信表明演説を受けて、各党が初めて代表質問する場面があって、民主党の鳩山由紀夫代表、連立パートナーの神崎武法《かんざきたけのり》が質問をしたが、自民党からは山崎拓が質問に立った。

質問を終えた夜、山崎は東京プリンスホテルで、自分の派閥の参議院選に備えての政治資金集めのパーティーを行った。第一部は、山崎が憲法改正に関する自論を述べた著作を刊行するので出版記念と銘打った講演である。

その後段の部分で、山崎は、

「小泉総理と会ったら、『今回の人事でオレがいちばん苦労をしたのは、山崎幹事長をつくることと、田中眞紀子を外務大臣にすることだった。これについては、ものすごい抵抗が多くて大変だった』と言われた」

という話を紹介しながら、

「しかし自分が憲法改正と言っても、ややもすると世の中はいぶかしげな目で眺める。ところが同じ憲法問題を小泉総理が論ずると、世の中は拍手喝采だ。同じことを言って、反応がこう違うのはどうしてだろう。それは小泉の体全体から表出するオーラが自分とは全然違うからだ。それは単に体というより、顔も含めてだ」

と言った。

小泉のこうした人気ぶりは野党にとっては脅威であろうし、また驚異的な支持率を見て、ポピュリズムではないかといって顔をしかめる向きもあるかもしれない。ただ、山崎は続けてこんな内容の話をした。

永年勤続表彰のときも、「オレは辞退するから、YKKの関係で二人とも付き合ってくれ」と、加藤と自分は小泉に言われた。考えてみると、昭和四十七年初当選組は三十六人いたが、今日まで連続当選で残ってきているのは五人しかいない。その五人がめでたく表彰されるのに、三人も辞退するのはおかしいような気もする。だが小泉との人間関係をそんなことで壊したくない。

永年勤続表彰には二つの特権がある。

一つは、国会内に肖像画を掲げることができる。そのときの肖像画代として、金百万円をもらえる。いろいろな画家に頼んで、絵が百万円以上ならば、あとは自己負担になる。

二つ目は、月々三十万円のお車代をもらえる。

小泉は、それを頑として辞退するという。自分はどう対応すべきかと女房に相談をした。すると「政治家としておカネは大切でしょう。友情と実際の政治活動資金と、あなたはどっちをとるの」とやられた。二の句がつげなくて、女房の意思通りに自分はしたが、小泉の顔を立てないといけないので、肖像画の百万円のほうだけ加藤と打ち合わせて辞退をした。

自分の後援会の人間が国会内を見学していると、「二十五年の永年勤続議員の肖像画が飾ってあるのに、なぜあなたの肖像画がないのだ」と聞かれて、それを説明するのがたいへんだ。

聴衆は、YKKのそんな人間関係に聞き入っていた。

山崎を囲む後輩議員も、

「これで山拓も悲願の幹事長になれた。山崎は、ポスト森は加藤政権であり、その加藤政権で幹事長を務めるつもりでいたけれども、YKKのK違いの小泉のおかげで、結果として幹事長になれた。山崎はポスト小泉を狙える」

と喜んでいたし、山崎自身も、

「小泉さんに参議院選を勝ってもらって、この九月から三年間の任期を務めてもらって、そのあとは私にやらせてほしい」

と話していた。

名刺

話の最後がいささか生臭くなってしまったが、右の山崎の講演は小泉の人物像をよく伝えている。今度の総裁選挙で、党員たちは、小泉が主張する改革と別に、小泉個人が体から発散する、曰く言いがたい何かに、ギラギラした政治家とは違う自然体の強さを強く感じたのではないか。

小泉の強さは、自然体にある。これだけで政治家のなかでは希有な存在である。政治の世界は自分を大きく見せよう、見せようとしないと生きていけない世界である。

五年間、政治生活をやった人物に、

「五年間やってみて、政治家の世界とはどういうものだったか」

と筆者が尋ねたら、

「つくづく感じたのは、見栄と嫉妬だ」

と言っていた。

これも言いえて妙というか、当たっている言葉で、自分をどれだけ大きく見せるかが大事。そして自分の仲間に対しても、どこかで嫉妬心を持っていて、いいポストにつきそうになったら邪魔だてしたりする。

そして自分が閣僚になると、すぐに名刺をつくりなおす。

「○○大臣　△山×男」

一方で支持者にもそれを有り難がる風潮がある。それが政治家の世界である。

しかし小泉は平素からこういっている。

「自分にとって、いちばん大事なのは『衆議院議員　小泉純一郎』という名刺だ。これの背後には主権者である国民の目が光っている。大臣になればその名刺もつくるが、重みはまったく違う」

内閣総理大臣には名刺がないという。一国を代表する人物である以上「自分はどこの○○です」などと自己紹介する必要はないということからくる慣習のようだが、してみると今でも彼の名刺は「衆議院議員　小泉純一郎」のままである。そのほうがやはり小泉らしい。

こうした政治家・小泉の性格はどのようにして培われたのだろうか。

2　祖父・小泉又次郎――生粋の党人

ある石碑

高速の横浜横須賀道路を朝比奈インターで降りる。鎌倉にドライブにいったことのある方ならよくご存じの道である。鎌倉に行きたい人は右のコースをとって朝比奈峠を越えるわけだが、ここで左のコースをとってみよう。金沢八景方面に向かう街道である。少し行った右手。かなり大きな石碑がある。車で通り過ぎる多くの人は気づかないかもしれないが、これが「小泉又次郎誕生地」の石碑である。

この小泉又次郎こそ、小泉純一郎の祖父で「いれずみの又さん」といわれた大正・昭和はじめの政党政治家である。

又次郎は慶応元年（一八六五年）五月十七日、武蔵国久良岐《くらき》郡六浦荘村大道に生まれた。現在の神奈川県横浜市金沢区大道である。鳶職《とびしょく》の父・由兵衛、母・徳の次男として生まれた。小学校の代用教員や東京横浜毎日新聞の記者を経て、明治四十年（一九〇七）四月に横須賀市議会議員となった。

横須賀という土地

周知のように横須賀は、幕末にペリーが浦賀に来航することによって、日本の開国の舞台となったところである。

徳川幕府は、ナポレオン三世のフランスと結んで近代化を進めようとしていた。そのような考え方の中心人物が勘定奉行の小栗上野介忠順《おぐりこうずけのすけただまさ》であった。小栗は万延元年（一八六〇）に日米修好通商条約批准の使節として、咸臨丸に乗って正使新見《しんみ》正興《まさおき》、副使村垣《むらがき》範正《のりまさ》とともに渡米した人物であり幕府きっての開明派であった。ただ、同じ開明派で咸臨丸を指揮した勝海舟とは違って、近代化はあくまで徳川家を中心として進めるべきであると考えていた。これが後の彼の悲劇につながる。

元治元年（一八六四）、小栗と駐日フランス公使ロッシュらが横須賀を視察・巡検した。開国後の幕府は、近代的海軍の港にふさわしい土地をさがしていたのである。フランス側は地中海の軍港ツーロンに地形がよく似ているという理由に基づいて、ここに製鉄所を建設するよう幕府に建言し、翌慶応元年に鍬入式が行われたという。

のち、大政奉還、戊辰戦争と続く時代の流れのなかで、小栗は徳川慶喜《とくがわよしのぶ》に徹底抗戦を説いたが容れられず、所領の上野国権田《ごんだ》村に引退したが、明治元年（一八六八）四月、新政府軍に逮捕され、そのまま斬刑に処せられた。四十一歳であった。

ＪＲ横須賀駅を降りるとすぐ目の前に海が広がる。海に面して広い公園がある。最近までは臨海公園とよばれていたが、近年ヴェルニー公園と改称された。ヴェルニーとはフランス人海軍技師で横須賀製鉄所の工事を指揮監督した人物の名である。公園内にはヴェルニーと小栗の胸像がある。また横須賀市と小栗終焉の地、群馬県倉淵村とは姉妹都市である。いまでも横須賀では、小栗上野介を街の父として敬っているのである。

まったくの偶然にすぎないのだが、寒村にすぎなかった横須賀に近代化の鍬が入れられた年に、小泉又次郎が生まれたことに何かの縁を感じるという人もいる。また、開明派ながら徳川家に殉じた小栗上野介の剛直さに、小泉純一郎と通ずるものを見るという支持者も筆者は知っている。もっともその支持者は「小栗みたいに小泉さんが斬られてしまっては困る。小栗の解幕府的出直しは失敗したけれど、自民党の解党的出直しには成功してもらわないとね」と付け加えることを忘れなかったが。

いれずみの又さん

少し話がそれた。

幕府崩壊後も、横須賀製鉄所は明治政府に発展継承され、明治九年（一八七六）、横須賀造船所（旧横須賀製鉄所）は海軍省の直属となり、明治三十六年（一九〇三）に日本最大の海軍艦船造修施設である横須賀海軍工廠《こうしょう》が設立された。以来、横須賀は帝国海軍とともに急速な発展を遂げ、「東洋一の軍港」と謳われるに至る。いきおい多くの人々が流入し、猛烈な都市化が進んでいった。明治四十年（一九〇七）二月十一日、紀元節の日には横須賀市が誕生した。神奈川県下では横浜に次ぐ二番目の市で人口六万二八七六人、戸数は一万一四三二戸と記録されている。はじめての市会議員選挙は同年四月に行われ又次郎は三十六人の議員の一人となったのである。

当時の横須賀はどんな町だったのだろう。港町、新開地特有の気性の荒さもあり、多くの「出入り」もあったのではないか。このような土地で人望を集めた又次郎は、きっと気っぷのいい魅力的な人物であったのだろう。

有名ないれずみを彫ったいきさつは次のようなものだった。

六浦から横須賀に進出した父、由兵衛は海軍に労働者を送りこむ軍港随一の請負師となった。父は又次郎に家業をつぐよう期待していた。しかし、又次郎には軍人になる夢があり、二度にわたって東京に出奔した。けれども、いずれも父の発見するところとなり連れ戻された。親に背くことをよしとしなかった又次郎は、夢をあきらめるために、あえて手首から足首にかけて全身に龍のいれずみを彫ったのだという。

もともと神奈川県は自由民権の気風の強い土地柄であった。日本の近代化を支えた生糸は港ヨコハマを通じて輸出されていたし、不平等条約の結果存在する居留地の問題もあった。条約改正運動の中心地であったのも当然である。又次郎は明治二十年（一八八三）、大隈重信ひきいる立憲改進党に入党した。

ついで又次郎は国政に打って出た。明治四十一年（一九〇八）の総選挙で初当選した彼は、以来当選十二回を数えるに至る。

明治二十三年（一八九〇）の第一回総選挙・第一回帝国議会の開会以来、約十年にわたって自由党、立憲改進党などのいわゆる「民党」と藩閥政府の対立が続いてきた。また政党側の離合集散もまことに激しかった。しかし、政党を敵視する山県有朋《やまがたありとも》とは一線を画した伊藤《いとう》博文《ひろぶみ》は、みずから全国的政党の組織をもくろみ、明治三十三年（一九〇〇）九月十五日に立《りっ》憲政友会《けんせいゆうかい》が結党された。これが明治後期から昭和前期を代表する保守政党であり、大正七年（一九一八）には、原敬《はらたかし》内閣が発足し政党政治が始まることになる。

普選実現と党籍離脱の先例

しかし、又次郎は一貫して非政友会系に身を置いていた。非政友会勢力は立憲同志会→憲政会→立憲民政党と変貌を遂げてきたものである。指導者は加藤高明《かとうたかあき》、これを若槻礼次郎《わかつきれいじろう》、浜口雄幸《はまぐちおさち》、安達謙蔵《あだちけんぞう》の三人の幹部が支えた。加藤は外交官出身の政治家。若槻・浜口は大蔵省出身、安達は生粋の党人であった。又次郎も党人派の中心人物としてこの間に幹事長や総務を務めて活躍することになる。

又次郎の本領が発揮されたのは普通選挙運動と第二次護憲運動であった。

普通選挙に反対する者は「普選は煽動政治家のやることで、彼らは過激思想の持ち主だ」と宣伝した。実際、又次郎らは普選実現大会をたびたび開き、デモンストレーションに長じていたから反対派の恐怖ももっともだった。

地元横須賀の支持者たちは普選の旗を掲げるのは選挙に不利だからやめるよう忠告した。しかし又次郎は、

「ご心配はありがたいが、たとえ落選しても私は信念は曲げない」

といった。支持者たちも奮起して彼は当選した。

普通選挙運動の波が高まってきたにもかかわらず、大正十三年（一九二四）一月、枢密院議長の清浦奎吾《きようらけいご》が貴族院中心のいわゆる「超然内閣」を組織すると国民の憲政擁護の声が日増しに大きくなってきた。これを背景に憲政会は革新倶楽部、そして分裂した政友会の高橋《たかはし》是清《これきよ》らの主流派（清浦内閣反対派）と結んで護憲三派を形成した。

護憲三派の主張は、

・政党内閣制の樹立
・普通選挙法制定
・貴族院改革

の三点であった。

五月、政府は衆議院を解散して対抗したが、結果は護憲三派の圧勝で、清浦内閣は総辞職

に追い込まれた。後継内閣の首班には第一党たる憲政会総裁の加藤高明が就任した。

ここに昭和七年（一九三二）五月十五日、犬養毅《いぬかいつよし》首相が青年将校の凶弾に仆れるまで続く我が国の本格的な政党政治の慣行＝「憲政の常道」がようやく確立することになる。

護憲三派内閣は行財政整理、軍縮、貴族院改革、ソ連の承認などを実行に移し、大正十四年（一九二五）には普通選挙制（二十五歳以上の男子）と治安維持法を実現した。同年の七月に政友会が閣僚を引き揚げたために護憲三派内閣は倒れるが、加藤高明は憲政会単独で内閣を維持した。しかし、加藤は大正十五年（一九二六）一月に首相在任のまま没した。組閣の大命は憲政会の若槻礼次郎に下った。十二月には大正天皇が崩御《ほうぎょ》、摂政宮裕仁親王が践祚《せんそ》した。「昭和」のはじまりである。

さて、教科書的記述はこれくらいにして又次郎の動きを追ってみると、特筆すべきことが一つある。

又次郎は大正十三年（一九二四）、加藤護憲三派内閣の成立とともに衆議院副議長に就任した。論功行賞人事といえなくもないが、このときに彼は憲政会の党籍を離脱してしまうのである。今でも国会の正副議長は就任と同時に所属政党を離脱し、中立を保つ慣例があるが、これは又次郎が先例をつくったものなのだ。

それにしても思い合わされるのは、今度の総裁選にあって孫の純一郎が派閥を離脱したことである。断じて信念を曲げぬところといい、血は争えぬというべきか、筋を通そうとする気骨は祖父譲りといえるかもしれない。

空欄——逓信大臣就任

昭和二年（一九二七）四月、金融恐慌の処理に失敗した若槻憲政会内閣は倒れ、田中義一《たなかぎいち》を首班とする政友会内閣が成立した。野に下った憲政会は同年六月、床次竹二郎《とこなみたけじろう》ひきいる政友本党と合同して立憲民政党が誕生した。総裁は浜口雄幸、幹事長は桜内幸雄《さくらうちゆきお》（桜内義雄の父）。又次郎は顧問の地位についたが、昭和三年（一九二八）には幹事長となる。

田中政友会内閣は、それまでの若槻憲政会内閣の外交政策（いわゆる英米協調の幣原外交）にかわって、対中国強硬政策を打ち出した。第一次山東出兵、済南事件、そして起ったのが張作霖《ちょうさくりん》爆殺事件（満洲某重大事件）だった。しかし、この重大事件を曖昧に決着させようとした田中首相が昭和天皇の不興をかって内閣が崩壊すると、組閣の大命は立憲民政党総裁浜口雄幸に下った。昭和四年（一九二九）七月のことである。

浜口内閣は、城山三郎の『男子の本懐』によってよく知られている。浜口は大蔵省出身ながら憲政会での党務にもはげみ、その風貌から「ライオン」とあだ名された人物である。

この内閣は十大政策を掲げた。

・政治の公明
・国民精神の作興

・綱紀の粛正
・対中国外交の刷新
・軍縮の促進
・財政の整理・緊縮
・非募債と減税
・金輸出解禁の断行
・社会政策の確立
・教育の更新

がそれである。

外務大臣に幣原喜重郎《しではらきじゅうろう》が復活し、大蔵大臣には井上準之助《いのうえじゅんのすけ》が任ぜられた。

読者も周知のように、結果として金輸出解禁の断行が世界大恐慌とぶつかったことが裏目に出て、後に浜口首相も井上蔵相も暗殺されるに至るのであるが、又次郎はその内閣の逓信《ていしん》大臣として入閣した。

この稿を記す上で、『国史大辞典』（吉川弘文館）の「浜口内閣」の項を引いてみた。閣僚の一覧表が載っており、そこに出身校の欄がある。ただ一人空欄なのが小泉又次郎の項目であった。ほかの閣僚のほとんどすべては、帝国大学ないしは陸軍大学校、海軍大学校出身である。

国難に処する決意をもって組閣し、実際に暗殺された浜口首相が、生粋の党人政治家である小泉又次郎幹事長に入閣を要請したとき、又次郎は「野人に名誉はいらん」といって固辞したそうだが、浜口の度重なる懇請についに折れた。剛直の士・浜口雄幸が、同じく剛直の士・小泉又次郎に寄せた厚い信頼、それがこの空欄にあらわれている。

戦中と戦後

昭和五年（一九三〇）十一月十四日、浜口首相は東京駅頭で右翼青年佐郷屋留雄《さごうやとめお》に銃撃された。首相臨時代理には外相の幣原がなったが、翌六年の四月に内閣は総辞職し、八月に浜口は死去した。ロンドン海軍軍縮条約に調印したのは、いわゆる「統帥権干犯《とうすいけんかんぱん》」であるとして犯人は首相暗殺を決意したという。

後継首相には再び若槻礼次郎が任じられ、又次郎は逓信大臣に留任したが、九月に関東軍が引き起こした満洲事変への対応に苦しみ、ついに総辞職した。次の首相、犬養毅が五・一五事件で暗殺されて戦前の政党政治は終わる。

又次郎は昭和九年（一九三四）から十年（一九三五）には郷里横須賀の市長となった。また昭和十二年（一九三七）から十三年（一九三八）にはふたたび立憲民政党の幹事長になった。昭和十五年（一九四〇）八月に立憲民政党は解党し、十月には大政翼賛会が成立する。戦時中の又次郎は翼賛会の顧問、同代議士会の会長などの任にあったが、生粋の政党政治家の彼にとっては、さぞ不本意であったろう。昭和十九年（一九四四）には小磯国昭内閣の顧問となり、終戦の年、昭和二十年（一九四五）には貴族院議員に勅選され、二十一年までその職にあった。

又次郎は昭和二十六年（一九五一）九月二十四日に没した。享年八十六歳。純一郎が九歳のときである。日本の近代の夜明けと共にあり、その政治生活の出発点であった横須賀の地は米軍基地の町となった。今日でもそうである。小泉又次郎の心中に去来したものがどのようなものであったかは想像にかたくない。

総理就任の記者会見で、「絶対に国際秩序から逸脱してはならない」「治にいて乱を忘れずは政治の要諦」と発言した小泉純一郎であるが、近代日本の栄光と悲惨を身をもって経験した大衆政治家、小泉又次郎の影をそこにみるのは、考えすぎだろうか。

3　父・小泉純也――寡黙な政策通

ラブロマンス

小泉又次郎の娘婿が、純一郎の父・純也である。

旧姓を鮫島という純也は、若き日に床次竹二郎《とこなみたけじろう》の教えを受けた。床次も純也も出身は鹿児島である。

床次竹二郎は、戦前、政界遊泳術にたけたことで有名な政治家であり、小泉又次郎の属していた立憲民政党が結成されたときに、又次郎とともに同党顧問となったが、後に中国政策で対立して脱党し、政友会に入ったりもした。そのような経歴から、向背常ならぬ政治家として嫌う人もあった。しかし一方で内務省の出身であり社会政策に明るい人物でもあった。しかし、内務大臣だった床次を議会で又次郎が厳しく追求するなど、肌が合う政治家ではなかったようである。

では、なぜ純也が小泉又次郎の娘と結婚するに至ったのか。

それは日大の政治科を卒業した青年、純也が立憲民政党事務局の職員だったからである。

党の長老顧問で逓信大臣を務めた又次郎の娘、芳江が純也を見初めたのである。写真を見ればわかるが、純也の風貌は青年時代には大いに女性の目をひくものがあったろう。

この二人の恋愛には又次郎は反対であったともいわれる。海のものとも山のものともわからない一青年党員、しかも床次の影響を受けた人物にかわいい娘はやれるものか、という思いだったのではないだろうか。

しかし、先にも触れたように純也は薩摩の出身である。その根性と情熱で、ついに駆け落ち同然の結婚に踏み切ってしまった。又次郎も、結局、その結婚を認めざるを得なかった。

逓信大臣秘書、内務参与官などを務めた純也は、昭和十二年（一九三七）に、三十二歳で出身地の鹿児島一区から打って出て当選した。しかし、岳父とおなじく生粋の党人である純也は戦時中は軍部からもうとまれて不遇であった。

戦後、又次郎と同様に公職追放となっていた純也であるが、追放解除後の昭和二十七年（一九五二）に又次郎の地盤を継いで神奈川二区から改進党から立候補して当選し、政界に復帰した。

改進党から出馬したのは、この党が旧立憲民政党の流れをくむ党だったからである。二年後の昭和二十九年（一九五四）には、自由党鳩山派、日本自由党（三木武吉ら八名）と合同して日本民主党となる。

藤山愛一郎に殉ずる

とはいうものの、純也はすでに保守合同という考え方を持っていた。社会主義勢力が伸びつつある戦後においては、単独の強大な保守党こそが必要であると考えたからだ。いわゆる五五年体制のもととなる考え方である。純也は自由党の緒方竹虎《おがたたけとら》に接近した。昭和三十年（一九五五）には自由民主党が誕生する。

純也は藤山愛一郎《ふじやまあいいちろう》のもとに参じた。藤山は若くして父・雷太《らいた》を継いで大日本製糖の社長となり、戦後は経済同友会代表、日本航空会長、東商会頭、日商会頭の座にあった財界の巨頭である。

昭和三十二年（一九五七）、以前より親交のあった時の総理・岸信介《きしのぶすけ》の懇請を受けて藤山は外務大臣に就任、翌年の総選挙に出馬して政界入りした。評論家の大宅壮一《おおやそういち》がこれを評して「絹のハンカチを雑巾にするな」といったことは有名である。

藤山が政界入りを決意したのは、岸の、安保条約を改定し、より強固な日米関係をつくることが、日本の今後の復興につながるという考えに共鳴したからだった。

純也の考えもまた同じであった。また戦前の革新官僚の体臭を引きずる岸よりも、藤山愛一郎の、経済人としての自由闊達さ、経済主導の政治のあり方に賛同したことが藤山派を選ばせたのだろう。

藤山は神奈川一区、純也は神奈川二区の選出であった。それもあって藤山と小泉の関係は濃かった。純也は藤山の信頼をどんどん増していった。

やがて、A級戦犯とされながらも戦後、首相の地位に就いた岸への国民的反発もあって「六〇年安保」のうねりが押し寄せてくる。

「六〇年安保」は戦後日本の政治史上でもまれに見る大きな政治闘争であった。六月十五日の樺美智子《かんばみちこ》の死でそれは頂点に達す。安保条約の成立で岸内閣は退陣する。

藤山は岸の後継総裁に立候補してみずから藤山派を結成したが、池田勇人に敗れた。その後も二度、総裁選に立候補したが、結果として海千山千の政治家連中に骨までしゃぶりつくされる結果となった。

大宅の危惧は的中したのだ。

藤山は私財を傾けつくし、結果とすれば、近年ではそういう表現がないぐらいの「井戸塀政治家」に徹した。

同じ神奈川選出で政権を狙っている大物に河野一郎《こうのいちろう》がいた。河野洋平の父である。必然的に、藤山と河野の両者は対峙する関係になっていく。二人の間に挟まるかたちの純也は、それによって損をする場面も、けっして少なくはなかった。

しかし純也は、あくまで藤山に殉ずる姿勢に徹した。

藤山が総裁選で苦杯をなめ、「カネの切れ目が縁の切れ目」とばかりに人々が去っていき、不遇になっていく姿を見ても、自分はけっして藤山を離れないという信念を貫き通した。そこに、純也の誠実さがにじみ出ている。

藤山愛一郎に参じた純也の気骨は、不遇時代の福田赳夫に参じた純一郎に受け継がれているのかもしれない。

地道な説得

藤山の側近という立場もあり、政治家として純也が情熱を傾けたのが安全保障問題であった。「六〇年安保」の十年後、条約延長問題が浮上してくることが当然予想されるなかで、純也は七〇年の時点でも再延長することが必要と説いてきた。

その純也の姿勢に対して、同じ選挙区から出ている革新勢力は、日米安保破棄を主張した。ヨコスカは反基地闘争の中心地であった。

国論が二分されるような状態のなか、純也は、それでも信念を曲げずに、日本にとってはこの条約が有益であることを、たえず熱心に説いて回った。

日米安保の必要性を説く場面で必ず純也は先頭に立った。彼の話は内容に富み諄々《じゅんじゅん》と説いていくうちに必ず大きな賛同を得る。それだけの説得力、内容に富む見識を持った政治家であった。

駅頭や繁華街に立つ彼の姿を見て、自民党の中にもこういう真面目な論客がいるという評価は、広がりつつあった。防衛問題を論ずる大会を自民党が開くときに、必ず純也を講師に招くという状況が全国に広がりつつあった。

そういう実績を積み重ねても、純也はあえて派手な場には自ら出ようとせず、終始、地味で謙虚な姿勢を貫いた。PRが下手なことを、周囲で心配する向きもあった。

政策についての主張は仲間にいろいろするが、自分自身の地位についての宣伝や売り込みは一切しない。ある意味では、けっして派手な存在の政治家ではなかった。

党内では総務、副幹事長、外務委員長、国対委員長、広報委員長とそれぞれに重要なポストを占めてはいたが、これらのポストは労多くして報われるものが少ないコースであった。

しかし純也は、コツコツとこれらの地味な仕事を地道にこなしてきた。

道半ばにして

第二次鳩山内閣の法務政務次官を務めただけだった純也に、初入閣の機会がめぐってきたのは、昭和三十九年（一九六四）の第三次池田勇人内閣のときだった。

ポストは防衛庁長官。

党内きっての防衛問題の第一人者であるという評価を得ていたことがこれでもわかる。

東京オリンピックを花道に池田が退陣し、第一次佐藤栄作内閣が発足したときも、純也は防衛庁長官となった。

しかし、七〇年の安保改定時期を目前にした昭和四十四年（一九六九）八月十日、純也は

防衛庁長官に就任した小泉純也

志半ばにして肺ガンのために永眠した。享年六十五歳。かくして長男の純一郎が、留学中のイギリスから、急遽呼び戻されることになるのである。

又次郎と純也の両者を比較したときに、又次郎はどちらかというと「情」を重んじる政治家であった。それに対し純也は「理」を重んじ、政治家よりは大学の先生をしていたほうが向いていたのではないかという向きもあるほどに、切った張ったというよりも静かに淡々と自分の信ずる政策を語る姿が多く見受けられた。

考えてみると、小泉純一郎という政治家は、それぞれ祖父と父の血を半分半分に受け継いでいるような気もしないではない。

4　三代目・小泉純一郎――その少年時代を察する

占領期の記憶

小泉は自己を多く語ることを好まない。推測的記述は慎まなければならないが、小泉と同年生まれの筆者としては興味を引かれるところもある。以下は筆者が小泉の周辺で見聞きしたことの積み重ねである。

小泉純一郎は、昭和十七年（一九四二）一月八日、神奈川県横須賀に、小泉純也の長男として生まれた。終戦は三歳のときである。

地元横須賀は、それまでの栄光ある海軍の町から基地の町へと一変した。その風景を見ながら、少年純一郎は育ったことになる。アメリカ兵が闊歩する地元の風景を、少年純一郎がどのように見たかは、あくまでも想像の域を出ないが、何かしらの影響を受けたのではないかと筆者は思う。

筆者は当時大田区に住んでいたが、親に連れられてちょっと銀座に行くときは、ＭＰが白いヘルメットを被って、交通整理をしていた記憶がある。その程度でも敗戦を意識させられたものだ。

　また、筆者の若い知人のお母さんはずっと小泉の選挙区にお住まいだが、小さいころの思い出として、

「海水浴場のいちばんいいところは、進駐軍のビーチになっていて、砂浜に鎖が張ってあった。もちろん日本人はオフリミット。そのことが忘れられない」

　といっておられるそうだ。

　同時にそのお母さんは、

「戦争には負けてかえって良かった。威張り散らしていたのに国をあやまった軍人より、GIたちははるかに気さくで、かっこよかった」

　ともいっておられるらしい。

　若い知人は、「負けたのになんででですかねぇ」といっているが、筆者には何となくわかるような気がする。体のでかいアメリカ兵、あるいはアメリカのMPと呼ばれる警察官やGIと呼ばれる兵隊が闊歩する姿には、威圧感を感じさせる一方で、豊かさ、自由というのはアメリカの国からもたらされるというような感じがあった。何か少年や少女に希望を与えたり、夢をかきたてる部分がたしかにあったのだ。

　年に数回、横須賀のベースは親善のため地元民に開放されるが、そこへいくのが楽しみという年配の小泉の支持者も多い。その一人は、

「小泉さんがタカ派だと、いまになってマスコミは急に騒ぎたてるけど、戦争であれだけひどい目にあって、しかもいまだに基地が存在する。ああなんてバカなことを戦前の人はしたんだろう、というのが僕らの正直な感想です。たとえ当時、子どもであっても占領期を知っている人のほうが危なくない。靖国にお参りしたいというのは、あんなバカな戦争であるにもかかわらず、国のために死んでしまった人への気持ちからだし、日米関係が絶対の基本、国際秩序から落っこっちゃいけないというのも本心でしょう。僕らの世代には矛盾なく成立する感情です。むしろ繁栄した日本しか知らない若い世代の政治家のほうが危ないと思うくらいですよ」

という。

けだし至言であろう。

復興期の少年時代

昭和三十年代は、純一郎の父親世代が、それぞれの職場で戦後復興をかけ声に、各々頑張る時代でもあった。父・純也が安保問題で奮闘しているとき、少年純一郎は中学校から高等学校へと進む。

筆者の経験を思い出すと、ラジオからのプロ野球と大相撲が何よりの楽しみだった。遊び道具もなく、親から与えられた限られた小遣いで、俗にいう駄菓子類を買い求めるのが大きな楽しみになっているような時代であった。

また、映画全盛時代であり、洋画、邦画を問わず、正月や夏休みにはそれを見に行く。あるいは、上映済みの古い映画が各小学校を夏休みに回り、校庭に大きなカーテンのような白いスクリーンをつくり、夜の映画鑑賞を楽しむというように、まだまだ遊びというものは非常に限定されている時代であった。

横須賀周辺も、人口が増大する、いわゆる東京のベッドタウン化する前の状態であり、周辺には緑が非常に多い時代であったのではないか。そのような自然と戯れるというのも、当時の少年であった。二〇〇一年五月十四日の衆議院予算委員会で小泉は、子どものころを振り返って、

「今の子どもはかわいそうだ。私の小学校時代は学校から帰るとほとんど遊んでいた。めんこ、ビー玉、べいごま、セミ捕り、トンボ捕り、鬼ごっこ。勉強をしたことはほとんどない」

と、述べている。

やがて高度経済成長期、太平洋ベルト地帯を中心に、首都圏、あるいは近畿圏、中部圏などの工業地域が一挙に大きな発展を遂げてゆく。

軍港都市平和転換法によって産業都市化をめざした横須賀はどんどん変貌していった。埋め立てが進み海岸線はどんどん遠くなっていった。小泉がその建設に力を貸したというX－

ＪＡＰＡＮのｈｉｄｅの記念館は海辺にあって、けっこう駅から離れているが、そこも埋め立て地である。

目に映じたもの

中学校は、横須賀市立馬堀《まぼり》中学校に学んだ。行ってみるとわかるが、この中学校の上の高台が小原台といい、現在、防衛大学校が建っている。

防衛大学校は、吉田茂が警察予備隊から保安隊、自衛隊と変化をさせていく中で、旧軍とは違う、新しい民主国家の「自衛力」の指揮官を養成するために設立したものである。父が防衛通の政治家であった純一郎は、その高台をどう見ていたのだろう。

そして、純一郎は神奈川県立横須賀高等学校に進学する。この高校は、横須賀市の内陸部、衣笠にあり、近くには鎌倉時代に源頼朝を助け、旗揚げにいちはやく馳せ参じた三浦一族の居城、衣笠城の跡がある。

明治四十一年（一九〇八）六月二十日に神奈川県立第四中学校として開校されたこの学校は、その後横須賀中学となり、戦後に横須賀高等学校となった。初代校長は吉田松陰の甥、吉田《よしだ》庫三《くらぞう》であり、彼によって校風はつくられたと言われている。校訓は「報本反始」。旧制中学時代の校歌は「坂東武者」と通称され、その一番は三浦一族の鎌倉幕府への忠節を讃える内容となっている。作曲は、『海ゆかば』の作曲者、信時潔《のぶときききよし》である。

また土地柄か、中学校から旧制高等学校、帝国大学をめざすコースのほかに、江田島の海軍兵学校に進む者も他の中学にくらべて多かったともいう。したがって、小泉が感銘を受けた本として、『あゝ同期の桜』（海軍飛行予備学生第十四期会）を挙げているのも、ゆえなしとしないのではないか（なお、小泉の母方のいとこは昭和二十年六月、特攻隊員として戦死している）。また、小泉が今日、歴史ものの本を愛読するのも、あるいはこの時代の校風の影響を受けているのかもしれない。

筆者自身にも思い当たるふしがある。筆者の出た高校は靖国神社のすぐ脇にあるのだが、登下校の際に神社に参拝にくる遺族の姿を見て、自分たちと同じ年頃で散っていった人がいると思うと、なんともいえない思いにとらわれることが多かったものだ。

変わらぬ男

高校時代の純一郎は、もの静かな男であったという。新聞に登場した同級生の話を読んでも、目立つタイプではなかったといい、政治家の息子であることを知らない級友もいたほどで、本人も決してひけらかさなかったらしい。

当時の純一郎は、政治家の家庭の苦労を、純也を通じて見ていたので、政治家よりも外交官になりたいとの、将来設計を持っていた様子でもあった。純一郎は慶応義塾大学経済学部へ進む。卒業は昭和三十五年（一九六〇）。父、純也は安保問題で苦闘していた。

高校卒業時、自宅の庭で弟と記念撮影する小泉純一郎。
（1960〔昭和35〕年 3 月）写真提供・神奈川新聞社

横須賀高校の戦後の校風は「自主と自立」というものであったそうだ。級友や後輩たちは「自主性を重んじた高校の校風が彼を育んだのだろう。そのまま自由奔放に信念を貫徹してほしいと願っている」とのことである。

高校の一期後輩で、ニッポン放送の朝の長寿番組「ひでたけのお早よう！ 中年探偵団」のパーソナリティー、高嶋《たかしま》ひでたけはこう言う。

「あるとき高校の同窓会で、小泉さんが全国的な知名度をまして参加したのを、当時の校長が『おう、小泉君が来てくれた、来てくれた。しかし、こいつはこれだけ大物の政治家になっても、姿、考え方は昔とちっとも変わらんのだ』と言って、抱きかかえんばかりに近寄っていった姿が印象に残っている」

また、高校で小泉と同期、大学では筆者と同期に当たる友人の一人は、いまだに、「純ちゃん純ちゃん」と親しみを込めて彼を呼びつつ、

「学生時代の小泉は決して派手に目立つ存在ではなかった。しかし、同期の仲間の中からこのような政治家が出てきたことは、自分の大きな励みにもなる」

と語っている。その彼自身も、いま一部上場企業の重役として、日本の今日の不況を乗り切ろうと、小泉の首相就任を自らの励みとして、新たに頑張る決意をしているところである。

ともあれ、小泉純一郎は父が急逝するまで、自分が政治家になるとは思っていなかったのではないか。しかし、運命は彼のわがままを許してはくれなかった。

第五章　代議士・小泉純一郎の誕生

1　角福の怨念と小泉純一郎

初陣を飾れず

衆議院第一議員会館の小泉純一郎の部屋には〝必勝　小泉純一郎君〟と書かれた一枚の色紙が掛けられている。

この色紙こそ池田内閣から佐藤内閣にかけて防衛庁長官を務めた亡父・小泉純也が肺ガンで入院する前日に、万感を込めて家人の誰にも気づかれないように書いたものである。死の四ヵ月前、昭和四十四年四月のことだった。

イギリス留学中の純一郎のもとへ「父・急逝す」の連絡が入った。即刻帰国した息子は父の遺体に向かって、自分が次の選挙に立候補すると誓った。それからしばらくして遺品を整理するうちに、この色紙が見つかったのだ。このときに亡父の自分に対する期待をあらためて感じたと彼は言う。

前章でものべたように、小泉には祖父、父と受け継ぐ政治家の血が流れている。しかし高校時代は父の多忙さを見て、政治家になりたくない、外交官になりたいと思っていた。けれど今となってはそうもいえない。昭和四十四年十二月、純一郎は佐藤政権下での総選挙に立候補した。

神奈川二区という選挙区は、真ん中に大都市横浜をはさんで川崎と鎌倉、逗子《ずし》、葉山、横須賀、三浦という、いわゆる変則の飛び地のある選挙区であった。また、指定席状態の選挙区で、しかも自民党中曾根派の田川誠一《たがわせいいち》とか、外交官出身で民社党の曽禰益《そねえき》などの大物議員が絶えず上位にくる選挙区だった。また六〇年安保で名を売って、のちに細川政権で環境庁長官となる社会党の岩垂寿喜男《いわたれすきお》もいた。

さらにこれはのちの話になるが、川崎地区には公明党の市川雄一《いちかわゆういち》がいた。彼は細川政権ができるプロセスの中で一・一コンビといわれて小沢一郎とともに当時の非自民連立八党、あるいは新進党の重鎮として存在感を高めた政治家である。いずれにせよ、きびしい選挙区事情であった。

たとえ、元防衛庁長官の息子が出馬するといっても、非常にレベルが高い選挙区であるだけに、そう簡単に世襲議員を容認するムードにはなかった。選挙でまだ二十七歳の若者に国政、将来を託すなどという甘いことを有権者は許さず、小泉は四千票弱の差で次点に泣き、落選を余儀なくされる。

しかし、そのときも、

「川崎は京浜工業地帯の中核都市であり、横須賀は米空母ミッドウェーなどで関心が寄せられている。自由主義陣営のリーダー国の一員にまで繁栄した日本は、権利のみならず、相応な責任と義務を感じていかねば、国際社会でのけ者にされてしまう。ソ連の脅威、認識度の問題も含めて、防衛問題もきちんと処理していくべきだ」

と主張していた。彼の政見がいかに一貫しているかがうかがいしれよう。


毎朝五時半に出て……


落選後の彼は、福田赳夫《ふくだたけお》の秘書となった。

横須賀の自宅を毎朝五時半に出て、横須賀線、山手線と乗り継ぎ、約二時間で世田谷野沢の福田邸に到着する。

慶応、イギリス留学と好きなスキーを楽しみ、のんびりと過ごしたころに比べると、まさに天と地の差がある厳しい生活だった。

彼は修行と割り切って、この生活を二年半続けた。二代続いた小泉家を潰してたまるかとの気持ちでいっぱいだった。

「大勢のお客さんが訪れてくる福田先生のお宅では、本当にいろいろな勉強をさせてもらった」

と小泉は当時を懐かしそうに回顧したものだ。

彼は政治の世界というのは決して甘いものではないということを肌身で感じながら、福田の秘書兼書生のようなかたちで政治のイロハのイから現場の仕事を積んでいった。そしてその間に福田赳夫という政治家のあり方を目の当たりにする。

当時は佐藤政権末期。ポスト佐藤は田中角栄か福田赳夫かという、いわゆる角福戦争が非常に激しく展開されはじめた時期であった。小泉の眼には、福田が全く悠々と構えているように見えた。それは福田派幹部たちも同様で、彼らは、「おそらく確固とした禅譲話が福田と佐藤首相の間でなされているのだろう」と、結果的には甘い判断をするに至った。

佐藤退陣

小泉が落選中の昭和四十七年の七月、七年八ヵ月の長期に及ぶ佐藤栄作政権は、悲願であった沖縄返還を花道に退陣表明、長期政権に終止符をうった。

このとき、彼はマスコミに大きな不信を抱いていた。特に政権末期に新聞社からバッシングされていたので、最後の記者会見はテレビカメラを通じて直接国民と対話したいと佐藤は思った。ところがそのつもりで臨んだ会見の席に新聞記者が大勢前のほうにいるのを見て、「これでは話が違うではないか」と官房長官を怒鳴りつけて、退席しようとした。

これは佐藤がまだ文明の利器というものを知らなかったためで、首相官邸の会見室の後方にはテレビカメラが全部控えていた。佐藤はテレビというのは実際は後方にいてもアップで表情を映し出すことができるということを知らなかった。そのために、その前に新聞記者がいたということで彼はつむじを曲げたのだ。

実際は官房長官との約束で内閣記者会とは、記者はただ座って話を聞くだけ、質問はしないという話し合いがついていた。しかし官邸の中の連絡が悪くて、首相が新聞記者を全部会見室から締め出して、空席だらけの会見場で話すその姿がテレビに映し出されるという、きわめて異例な会見となった。

「七年八ヵ月も政権の座にあった人が、最後のところは結局これか」

と、多くの国民は思った。

テレビの恐ろしさを、政治家はこのあと次々に思い知らされる。三十年近くのち、森喜朗はテレビに泣き、小泉純一郎は首相の座につく。

無念の福田

いよいよ田中角栄対福田赳夫の、ポスト佐藤をめぐる総裁選挙へ突入していく。このときは、両者の他に三木武夫、大平正芳を加えた四人が総裁選挙へ出馬した。

下馬評では、佐藤は福田赳夫を支持しているので福田優位という予想であったが、田中角栄という稀な勝負勘に富んだ政治家は、佐藤の思惑を打ち砕くような形で大平あるいは三木を抱き込むのみならず、直前まで四者と一緒に立候補するのではないかと予測されていた中《なか》曾根康弘《そねやすひろ》を事前に取り込み、結果的には〝福田赳夫包囲網〟をつくりあげた。

福田は敗れ、田中は勝った。

福田赳夫は唇を噛みしめ、総裁選挙の投票が終わったあと福田事務所がある赤坂プリンスホテルで、田中の来訪をずっと夕方まで待ち受けていた。おそらく田中は、勝負が済んだらいちおうすべて水に流して、「挙党体制で行こう」という挨拶にやってくるのではないか。

しかし、角栄はもう勝利の美酒に酔い、いろいろ関係者への挨拶回りのなかで肝心なライバルへの挨拶を失念してしまっていた。結局、田中は赤坂プリンスホテルには現れなかった。

福田はホテルを退出したあと、第一次田中内閣には、福田派としては協力に限界があるとして抵抗を試みたが、最後は派内からも大臣を出すことを認めざるを得なかった。

ブームの怖さを冷やかに見る

田中角栄の勝利。

それは正に今太閤《いまたいこう》ブームであり、未曾有の大きな人気に政権は包まれた。

そういう時代の福田赳夫、失意の中にある男を、自分も落選の身である小泉は二十代から三十代の初めにかけて世田谷の野沢邸で目の当たりにした。

そばで見れば見るほど、「やはりこの人のほうが日本の総理にふさわしい人だ」という思いにとらわれ福田にますます惚れ込んでいく。そしてまさにこの人こそ生涯を通じて自分の政治の師匠だと、骨の髄にまで実感させられるようになっていく。しかし、その人物は政権の座にない。

やがて高い人気のなかで発足した田中政権がつまずく。

一つは自らが首相になるために唱えたいわゆる「列島改造論」、すなわち全国に三十ヵ所の中核都市をつくるという主張をするにあたって具体的な都市の名を挙げて本に記したために、その周辺でのデベロッパーの土地の買い上げが起きて、全国的な地価急騰が起きてしまった。

次に中東戦争のあおりで第一次オイル・ショックが起きた。主婦がスーパーマーケットにトイレットペーパーの買い占めに走るシーンに代表される、福田のいう「狂乱物価」時代が到来した。

また一方では、無理をして一気呵成に駆け上がって、総理まで上り詰めた男である田中角栄がもっている、政治とカネに絡むさまざまの疑惑が浮上する。

国有地払い下げ問題をマスコミがいろいろ記事で取り上げるようになり、田中角栄人気は一気に落ち目に向かう。

敗者たる福田のそばで、空前の田中ブームとその急速な失墜を見ていた小泉純一郎。彼はいま、史上最高の自分の支持率を見て何を思っているであろう。

少なくとも浮かれ騒いでいないことは確かである。

初当選

話を少し元に戻して、日中国交回復をなしとげた田中は、その余勢をかって総選挙に打って出た。

結果として目論見ははずれて、社会党、共産党が躍進するのだが、このときの選挙で小泉は初当選にこぎ着ける。ときに三十歳。そのために民社党のベテラン、曽禰益が落選の憂き目にあってしまった。

この選挙で小泉は、今度こそ絶対負けられないという思い、すなわち今の田中政治がもっている矛盾をどう変えなければいけないかを切々と訴えた。

小泉が初当選してきたころの福田派は、圧倒的に官僚出身の年輩議員が多かった。福田派が総裁選挙で負けたのはそのせいだったともいえる。地方議員出身者とか寄合い世帯の田中派の馬力には、世代的にも行動力的にもかなわない。

そういう中で福田派の貴重な若武者というのは当時は森喜朗であり、小泉であった。二人は、その行動力を縦横無尽に発揮して、自民党再生の先兵としての役割を体当たり主義で果してきた。

小泉は、師である福田赳夫を間違いなくポスト田中の総理にしなければいけないという思いに燃えた。

打倒田中の急先鋒

政権を守ろうとする田中、それを倒そうとする福田陣営のいわゆる第二次角福戦争の攻防戦が激化してくる。そういうなかで行われた夏の七夕参議院選で田中政権は、企業ぐるみの選挙というものを激しく批判されることになる。

典型的な例は四国徳島での後藤田正晴《ごとうだまさはる》と久次米健太郎《くじめけんたろう》の激突である。いわゆる田中の腹心だった後藤田が官房副長官から中央政界入りしようとした。それに対して同じ徳島の選挙区には久次米がいる。彼は当時の三木副総理の側近である。

この二人が直接ぶつかり合う、いわゆる「三角代理戦争」が勃発した。結局のところ、田中が推した後藤田が負けてしまうのだが、いずれにせよもろもろの面で田中角栄に逆風が吹き付けてくる。

三木武夫は参議院選が終わったところで、三角代理戦争の怨念もあって副総理辞任を申し出た。それに追い打ちをかけるように福田も、狂乱物価鎮静を田中に請われて入った大蔵大臣を辞任する。

それらの様子を見ながら、当選一回生の小泉純一郎は、まさに打倒田中の急先鋒というべき存在だった。

当時同じ派閥で小泉の先輩格だった石原慎太郎は夏の時点から、

「我々はクリスマス・プレゼントとして国民の皆様に田中角栄の首を差し上げましょう」

と、激しい言葉を繰り出していた。

これに小泉は呼応して、打倒田中内閣のビラを選挙区に貼ろうかというところまでいきり立った。

しかし、先輩議員から、

「そこまでやると、かえって逆効果の点もある」

と諭されて、それは思いとどまるということもあった。

2　福田政権の夢は短く

田中再登板の野望

しかし、小泉純一郎が期待したように田中角栄のあとにストレートで福田政権にという訳にはいかなかった。

ここには、その後三十年にわたって日本政治を呪縛する、田中角栄の思惑があった。小泉が長年怒り続ける日本の総理をめぐる、いわゆる「最大派閥による権力の二重構造」の始まりである。

田中はこう考えた。

自分の跡を争う福田と大平がそれぞれ大派閥同士で真っ正面からぶつかりあって、そのいずれかが総理になると、党内が分裂し、しこりが残る。それは回避しなければならない。

そのため、田中は、あえて当時の副総裁・椎名《しいな》悦三郎《えつさぶろう》を使って、世にいう椎名裁定で政権を三木武夫に持っていかせた。

田中にはもう一つ、最大の思惑があった。それは何か。

田中は、

「現時点ではもろもろの点で逆風が吹いているが、この逆風さえとどまれば、自分は再登板できる」

と、思っていたのだった。一回休みという選択である。

そのためには、あまり強大な派閥の者に総理になられるよりも、弱小派閥の人間を据えておいたほうが、自分が再登板するときに、その人をどかしやすい。そういうことを頭に置きながら三木政権というものをつくったわけである。

田川誠一との因縁

しかし、ここで角栄の予期せぬことが起きた。

昭和五十一年（一九七六）二月、アメリカ上院外交委員会でロッキード社の対日売り込み工作の不明朗さが問題となった。ロッキード事件である。

このとき、小泉純一郎の選挙区最大のライバル、田川誠一が動いた。昭和五十一年六月、彼はロッキード疑獄に揺れる自民党と政治の腐敗を強く批判して自民党を離党した。新自由クラブの結成である。

新自由クラブの代表には田川と姻戚関係にある河野洋平が就任した。小泉より五つ年長の早稲田卒。父は政権を狙いつつ果たせなかった大物政治家・河野一郎。藤山愛一郎とのあいだで父の純也を苦しめた男である。田川、河野と行動をともにしたのは山口敏夫《やまぐちとしお》、西岡武夫《にしおかたけお》という連中だった。

新自由クラブは国民の喝采を浴びた。同様のことは細川護熙の日本新党のときにも起きたが、それはさておき神奈川二区のなかで田川誠一はいっそう英雄視されていった。

新自由クラブ結成の一ヵ月後、田中逮捕劇がおきる。三木武夫は法務大臣・稲葉修《いなばおさむ》と組んで田中に牙をむいた。

自分を守ってくれると思った三木の反逆に田中は怒った。

三木おろしの始まりである。椎名副総裁の「三木クンははしゃぎすぎだ」発言にはじまり、党内こぞって三木を退陣に追い込もうとした。

しかし、世論の支持をうけた三木は粘り腰であった。

当時三木おろしの側に福田はおり、当然、小泉もいたわけだが、世論をバックにした総理総裁はそう簡単には辞めさせられないことを痛感したはずである。二十数年後に、森おろしで小泉はもういちど世論の恐ろしさを目の当たりにする。

三木が退陣したのは年末の総選挙で二百六十と大きく議席を減らしたからだった。このとき、新自由クラブはブームを巻き起こした。

田中はようやく福田赳夫の総理就任を認めた。しかし福田が一期二年やって更に力をつけると今度は怖くなってきた。

昭和五十三年、自民党総裁予備選挙が行われた。立候補者は福田赳夫、大平正芳、中曾根康弘、河本敏夫《こうもととしお》の四人。予想では現職総理の福田が圧倒的に有利と見られていた。それゆえ大平は二位を確保し、国会議員による上位二者の決選投票で逆転勝ちしようとした。

しかし、大平を支援する田中角栄は予備選で福田に勝つつもりだった。「田中軍団」によるすさまじいローラー作戦が展開され福田は予備選に敗れた。福田は「天の声にも変な声」と呻《うめ》き本選挙を辞退した。これで福田と大平の間には、大きなしこりが残った。

遅すぎた政務次官就任激励会

昭和五十四年（一九七九）十月の秋、解散総選挙に打って出た大平政権は、一般消費税の導入をめぐって国民の拒否反応にあって敗北した。このとき、小泉が新税の必要を堂々と主張したことはすでに紹介した。

その直後、大平の敗北責任を問うて自民党内でいわゆる四十日抗争が起きた。そして四十日抗争を経て両者のしこりは深まったまま翌年の昭和五十五年（一九八〇）五月には内閣不信任案が出された。なんとこの不信任案は可決され、衆議院は解散、史上初の衆参ダブル選挙に突入する。

こうした流れのなかで小泉純一郎は何をしていたのか。

彼は初当選のときから大蔵委員会に所属し「大蔵族」の道を歩みはじめた。党役職では宣伝局次長、財政副部会長、文教局次長などをつとめている。

大蔵分野に賭ける彼の情熱はすごかった。当時から、

「この分野を選んだのは、ここでは内外全面にわたるすべてが理解できるからだ」

といっていた。

彼に政務次官の声がかかったとき、「私はやりかけている仕事を中途半端にしたくないから、政務次官をやるのなら大蔵をやりたい。もし他の省庁の次官というのならば辞退してもかまわない。このために次官就任が少々遅れてもかまわない」ときっぱりと言ってのけた。どこのポストでも喜々として受ける御仁が多いなかで、彼の気骨あるところがいかんなく発揮されている話であろう。

そして、大平内閣のとき、昭和五十四年十一月、当選三回の彼は念願の大蔵政務次官に就任した。いわゆる箔付けだけが目的の次官とは異なり、この道一筋でみっちりと勉強してきた実力派だったから、大蔵官僚たちからも一目も二目も置かれたものだった。

就任してだいぶ遅れてから彼は祝賀会をやった。師匠にあたる福田赳夫や兄貴分の安倍晋《あべしん》太郎《たろう》、それに蔵相の竹下登《たけしたのぼる》もやってきて盛大だった。

その四日後に予想だにされなかった大平内閣不信任案が可決されたのだった。

業務最優先志向（?）だった彼の、遅すぎた就任激励会は、結果的には政権交代の大ドラマの中で、おわかれ慰労会に転じてしまったのだ。

選挙の入口のところで、過労、心労のため大平は永眠してしまう。主なきダブル選挙で自民党は同情票も得て圧勝する。

中曾根政権

そのあと今度は鈴木善幸政権ができる。この鈴木政権というものも、後ろで操ったのは田中角栄である。

鈴木にけっして総理になろうという夢があったわけではない。彼の評価は「総務会長を長年やっているまとめ役」以上のものではなかった。そんな人を思い切り総理にしてしまった。

三木武夫のせいで田中のプランは大きく狂った。当初のプランではゼロから再登板というものをめざそうとしたが、いわゆる「五億円の受託収賄罪」に問われてしまった。つまり、ゼロではなくて、マイナス五〇か一〇〇から再登板を狙わざるを得ない。

なんとしても裁判で無罪を勝ち取らなければいけない。まずゼロまで戻って、それから再登板というプラス方向に行かなければいけないというところに田中角栄の焦りがあった。

〃愚直の総理〃と言われた鈴木善幸も二年やって、再選の時期を迎えた。大方、彼は再選されると思っていたのが、鈴木は突如出馬を辞退した。

そして総裁選が行われる。中曾根康弘、河本敏夫、安倍晋太郎、中川一郎が参加しての、今回と同じような予備選である。ここで中曾根が勝利した。中曾根を勝利に導いたのも田中角栄であった。

要するに田中角栄は自分が再登板する、あるいは自分がロッキード事件で無罪を勝ち取るために、最大派閥である木曜クラブを率いる自民党の中でいちばんの実力者でありながら、自分のいろいろな思惑の下で、三木から中曽根まで五代の総理を「権力の二重構造」で作っていったわけである。

つまり、いちばん強い人間というのは舞台裏にいるわけだから直接責任を問われることはない。不都合があれば、操り人形として表舞台に出された総理大臣が責任をとらされる。最大派閥の権力は温存されたまま……。田中が椎名裁定を通じて三木を選んだときからずっと、五代の総理というのはそうやって選ばれてきたのだった。

小泉純一郎は、

「これは決して許されないことだ」

とジッと歯を食いしばって見守ってきた。

3　角栄倒れる

やはりライバル

中曾根内閣ができたのは、昭和五十七年（一九八二）の十一月のことだった。田中系の人物が閣僚のうちで七つのポストを占めるという異様さに、マスコミは「田中曾根内閣」と揶揄した。

翌昭和五十八年（一九八三）には中曾根が「日本列島を不沈空母化する」と発言し、世論の批判を浴びた。その一方で中曾根は国民的人気を誇る土光敏夫《どこうとしお》を会長に迎えた臨時行政調査会の答申を遵守《じゅんしゅ》する姿勢を示し、国鉄民営化を進めるなど、行政改革の必要性を説いていた。

しかし、年末に行われた総選挙で自民党は過半数を割った。

このときに中曾根が放ったウルトラCが、新自由クラブとの連立だった。すでに四年前の昭和五十四年（一九七九）に新自由クラブでは内紛がおきており、西岡武夫、山口敏夫らは自民党に復党していた。いわばジリ貧の状態にあるこの党の足元をみて中曾根は連立をもちかけたわけである。

小泉のライバル、田川誠一が自治大臣として入閣した。田川は大臣に選ばれても、横須賀の自宅から永田町の職場まで、いわゆる無料パスも返上して電車通勤した。そういう意味ではこの選挙区は、永田町の常識からいうと「変人」を当選させる土地柄のようだ。

ともあれ、こういう田川は、選挙区で常にあつい支持を受けて、小泉純一郎の強烈なライバルでありつづける。

竹下の反逆

権力の二重構造を維持しながら延命、復権をはかる田中角栄。このかたちがいつまでも続くのならば、田中派・木曜クラブからは、田中の裁判が終わるまで自派から総裁候補を出せないことになる。

そういう焦りを強く持っていたのが、ニューリーダーの一員といわれていた竹下登周辺であった。

角栄に造反し、竹下派を結成しようとする動きが出てきた。首謀者は金丸信《かねまるしん》。

この動きを察知した田中角栄は当初は激怒するが、あまり激怒しても得策ではないということもあって「同心円で行こう」と竹下陣営に言って、ある程度竹下の動きを認知する方向になった。

そして実際、「創政会」と銘打った第一回目の勉強会の会場も、当初は竹下がどこかホテルでやろうというのを、田中との妥協として、当時の田中派事務所がある砂防会館のなかで四十名のメンバーを集めて行うことになった。

この四十名というのも、まことに微妙な数で、田中角栄がそれ以上膨れ上がることを警戒し、また竹下も妥協するためにここまでの人数で止めたものだった。

そして当時、田中角栄は派閥会長を二階堂進《にかいどうすすむ》に委ねていたので、彼を重用することによって竹下を牽制していたが、結局のところ木曜クラブの分裂、田中派内の世代交代の流れはとまらなかった。そういう心労が重なって昭和六十一年（一九八六）二月末に角栄は脳梗塞で倒れる。

自前の候補＝竹下を持ちたいという派閥内の要求を、ついに田中は抑えきれなくなったのだった。

三百四議席の威力

こうしたなかで、角栄からの独立を虎視眈々と狙っていたのが中曾根康弘だった。角栄が倒れた五ヵ月後の七月、中曾根はダブル選挙に打って出た。

結果は自民党の圧勝。三百四議席が確保された。

これで中曾根政権はもう一年の続投が決まった。

哀れをきわめたのは、新自由クラブであった。もはや連立の用はない。この政党は解党に追い込まれた。河野洋平は自民党に復党した。しかし、田川誠一はそれを潔《いさぎよ》しとせず、みずから進歩党を結成して独り往く気概を示した。

社会党も惨敗して窮地に追い込まれた。その結果、土井たか子が委員長に就任した。

昭和六十二年（一九八七）、いよいよ中曾根の退陣がタイムテーブルに乗ってきた。それを見越して竹下は経世会を結成した。ついに田中派が解体し、竹下派となったのだった。

総理を五年もやった中曾根にも思惑があった。

ポスト中曾根の争いは、

安倍晋太郎

竹下　登

宮澤喜一

の三者で行われる。いわゆる安・竹・宮である。

数の上では竹下がいちばん強い立場にある。ただ、今後の外交とか、政策面でいうとやはり宮澤、安倍という順になる。三者三様で完全無欠ではない。

それぞれ長短が裏腹に存在するなかで、竹下は数の力をバックにして総裁選に持ち込みたい。そして数できちっと党内認知を受ける安定した政権をつくりたい。

逆に中曾根康弘は、それをされたら自分がキングメーカーとしてそのあと新政権に影響力を行使できなくなるので、なんとか中曾根裁定に持ち込みたい。

それゆえ中曾根は、三人の候補にそれぞれ色好い返事というか、色気をもたせるような対応をする巧妙な戦術を用いて、竹下の望む総裁選を阻止することに成功し、自分の裁定に持ち込んだ。

ふたたび涙を呑む

当時、安倍派の小泉純一郎は、福田政権以来ひさびさの政権奪還の絶好のチャンスに張り切っていた。

赤坂プリンスホテルにある、清和会という派閥の事務所を拠点にして、文字どおり彼は青年行動隊長の立場で各派の情報を仕入れたりして、安倍政権を必死になって樹立しようとしていた。

しかし、当時の竹下派には橋本龍太郎、小渕恵三、小沢一郎、渡部恒三、羽田孜、梶山静六、奥田敬和のいわゆる七奉行に代表される、それぞれの方面で戦闘的、戦い上手な人間がいた。こうした連中に守られている竹下には勝てなかった。

最終場面では赤坂プリンスホテルで竹下と安倍がお互いに、「俺にやらせろ」と言ってじかに話し合うが、双方とも降りるつもりがなく、まったく決着がつかなかった。

結局、中曾根の思惑どおり、裁定で竹下が勝利した。

小泉はここでまた無念の涙を呑む。しかし、これで小泉は、ますます最大派閥の支配に対して、「こんなやり方では日本の政治は決してよくならない」という危機感を募らせていくのだった。

初入閣

ところが、これがまた皮肉なことにというべきか、小泉は竹下改造内閣で初入閣のチャンスを迎える。

竹下政権中盤にリクルート事件が露顕して、総理である竹下登をはじめ、安倍晋太郎、宮澤喜一、渡辺美智雄といったニューリーダーといわれる人までがリクルート・コスモス株に汚染されていることが判明し、それぞれの動きが非常に制約されていた。

そういうなかで、身辺がきれいな人が閣僚にならないと内閣はもたないという理由での改造であった。

小泉純一郎は厚生大臣に指名された。

厚生大臣というのは、竹下政権が中曾根政権を引き継ぐ中で三K赤字（国鉄・コメ・健康保険）のなかの健康保険問題を、高齢化社会の到来とともに模様替えしていかなければいけない重要なポストである。

ここには、社労族といわれる族議員が強大な力を持っている。当時、この族のドンは斎藤《さいとう》邦吉《くにきち》であり、橋本龍太郎が実力者だった。

大蔵族の小泉からすればまったく予想もしない分野の担当大臣にされたわけだが、根が負けず嫌いの彼は、この分野の勉強を非常に短期間でこなしていった。ポイント、勘どころを的確にマスターしていき、厚生省の役人の話を小まめに聞きながら、けっして役人のペースに乗せられない。政治家として自分の視点を失わず、バランスをとりつつ厚生省の役人との人間関係を構築していく。その呑み込みのよさに官僚たちも舌をまいた。

そういうこともあって竹下政権が平成元年（一九八九）の六月に倒れ、そのあと宇野宗佑《うのそうすけ》政権が生まれたときも、厚生省から「小泉大臣にはぜひ留任してほしい」という声が出たのだった。

宇野新政権で小泉は引き続き厚生大臣となり、介護保険の問題など迫りくる高齢化社会を前にいろいろ山積する問題について取り組むべく意欲を燃やすのだった。

しかし、宇野政権は女性問題もあって、これから仕事をやろうという矢先に、七月の参議院選で惨敗して倒れてしまった。わずか二ヵ月の短命内閣であった。

残念ながら小泉にとって、社労厚生業務というのは非常に中途半端な状態で終わってしまった。総理大臣となった今、高齢化社会の到来、男女平等の問題、年金などの問題にも積極的に取り組んでほしい。また、巨大官庁となった厚生労働省をしっかり監督してもらいたいものである。

第六章　竹下派支配との戦い

1　YKK結成

竹下派にあらずんば……

宇野政権が倒れて海部内閣が成立した。

海部俊樹《かいふとしき》はいわゆる三木派を受け継ぐ当時の河本派。リクルート事件など、政治とカネの問題から縁遠かったという小派閥ゆえのラッキーさもあって、文部大臣二回の文教族の海部でも政権の座につけたのであった。

このときも実際は、竹下派のシナリオで総裁選挙というものがあって、海部俊樹、石原慎太郎、林義郎の三人が立候補した。いちおう総裁選挙をやったというアリバイはつくっているが、事実上これは竹下派支配の政権だ。

つまり、田中角栄が五代にわたってみずからの支配する政権をつくったように、竹下も宇野、海部と二代続けて、最大派閥の経世会が舞台裏で操る、いわゆるロボット政権をつくっていた。

このことを小泉はけっして快く見てはいなかった。

海部・西岡の画策

海部は海部で、自分が延命するうえで大事なことは、リクルート排除だと思っていた。そこでリクルートに絡んでいる実力者は要職に就けないようにした。また、政治とカネの問題を排除するためには政治改革が必要だ、それも選挙制度を変えなければいけないとして、海部は小選挙区制の必要性を打ち出してきた。

あたかも小選挙区制を導入すれば、政権交代可能な二大政党の時代がすぐ到来してきて、リクルート事件に象徴される政治とカネの問題も一挙に解決されるというかのような謳《うた》い文句であった。

それに非常に賛同したのが、海部と早稲田の雄弁会時代からの仲間である西岡武夫だった。新自由クラブからの出戻りである。彼が総務会長の立場で、小選挙区制度導入こそ政治とカネの問題が全部断ち切られる、「日本を救う切り札」だという世論をもり立てていった。

また、自民党の中の若手も同調した。

海部が非常に巧妙な方法で、

「もし小選挙区になれば、同じ中選挙区で戦っている実力者議員は選挙地盤は安定しているし、知名度もあるから、お国替えをしてもらう。むしろ、同じ選挙区の若手が今の選挙区を引き継げばいい」

と、ささやくから、若手の小選挙区待望論が出る。

彼らがマスコミで小選挙区絶対論、正義論を唱えるようになると、若手が訴えるゆえにブラウン管を通して見る有権者も、「これが正論ではないか」と思いはじめる。ベテラン議員には自分たちがお国替えをさせられるとの被害者意識があるから、それぞれ舞台裏からその流れを阻止しようといろいろ画策する。

総務会に乗り込む

そういうなか、小泉純一郎は性格上、舞台裏でどうこう動くのは嫌いなので、小選挙区論者が改革派で正義派だという風潮に抗して総務会に単身乗り込んでいった。

「いま世間では小選挙区導入があたかも改革の新鮮な印象を与えるようだが、これはおかしい。それに反対する勢力は、マスコミからも敵役みたいな待遇というか視線を浴びているが、そうではない。いま我々の小選挙区に対する慎重論、反対論は小さな流れだが、これはいずれ大きな流れになってくる」

と西岡総務会長に直接向かいながら、舌鋒《ぜっぽう》鋭く攻撃した。

そんなときの小泉は非常に熱っぽく語る。小泉はややもすると非常に思い入れ深く、全身でモノをしゃべる癖がある。そういう姿を見て一部には、「小泉というのは非常にエキセントリックな政治家ではないか」と見る向きもある。

しかし、そういう見方をしている人々で実際の小泉と接したことがない人間が、どこかの場所で小泉と接すると、思ったのとはまったく違う、非常におとなしくて穏やかな人間であることにびっくりして、

「ホンモノの小泉というのは、こんな人なのか」

と、まったく見方を変えるという場面は再三ご紹介したとおりである。

ともあれ小泉は、小選挙区制はけっして国をよくしない、政治をよくする特効薬ではないという警鐘を鳴らしていた。

弱体政権

しかし、それにかまわず、海部・西岡ラインは、小選挙区に選挙制度を変えて政権を延命させようとした。

海部政権は実際は弱い政権であるから、冷戦後の世界秩序に対応することができない。湾岸戦争でカネだけ出すようなことになる。ソ連がなくなるということは、黙っていてもアメリカの軍事的・経済的世界支配が始まることになるわけだが、どうしようもない。

一方、平成二年（一九九〇）秋に、大手証券会社の損失補塡問題に端を発して、バブル経済が崩壊しはじめた。現在、何十兆円という単位で大手の金融機関の不良債権を処理するために、我々の税金が公的資金のかたちで導入されているが、これもバブル崩壊が露顕した当

初の段階で早く手を打っていれば、今日のように何十兆単位の後追いの不良債権始末は起きなかった。

そういう大事な経済問題もこの時代に起きていたが、国民生活に直結するような経済問題も含めて、外交・経済という政治の主役になるべきものを脇役に追いやって、当時の海部政権は、政治改革三昧と称して延命策を図るという挙に出たわけである。

一方、海部の姿勢に対して、裏でコントロールしている竹下登あるいは金丸信というボスも、ホンネでは反対であった。長年の政治生活の中で培ってきた自分の強固な選挙地盤が小選挙区制に変われば、お国替えや区割りによっては、今までせっかく育成してきたものが台無しになりかねない。

重大な決心

海部がこれ以上この問題で突き進むのなら首をすげ替えなければいけない。

ついに海部の延命策が命取りとなる日がきた。この選挙制度を実施するかしないかというところで、海部は、

「もしそういうものがきちっと処理されないならば、自分は重大な決心を持って臨む」

というセリフを自ら吐いてしまったのである。

その姿を見て、金丸は、

「総理が重大決心というのは、衆議院の解散か総辞職を意味する。はたして海部はどっちを選ぶのだ」

という一言を発した。

平成三年（一九九二）十一月、海部を竹下・金丸が引きずり下ろした瞬間だった。

ＹＫＫというのはファスナー会社のことだろう

竹下派は、三十名そこそこの河本派の、しかもその会長でもない、一幹部にしかすぎない海部を政権に据えてまったく意のままに操ろうとした。そういうなかで自民党にはいわゆる一派総支配体制とか総主流派体制が形成されてきた。

要するに、「竹下派に逆らったら冷飯を食う。数の力がすべてだ」ということである。

昭和四十七年初当選組の、渡辺派の山崎拓、宮澤派の加藤紘一、そして三塚派の小泉純一郎はそれぞれ各派閥の中堅議員の立場で、この一派総支配体制の閉塞状況を打破しないと、日本の政治はよくならないと考えていた。

当時、それぞれ派閥の領袖は、彼ら自身がポスト海部を狙っているので、最大派閥の竹下派に逆らっては、自分が総理に就任をするのに不利であるという考え方だった。党内すべてが竹下派の横車に対しておとなしくしている雰囲気のなか、あえてこの三人は、それぞれのイニシャルをとって「ＹＫＫ」と称されるトリオを結成した。

三人は、反竹下派・経世会の色合いをどんどん強めていった。

しかし、それを伝え聞いた竹下派の当時の会長、金丸信は鼻をうごめかしながら、

「YKKというのはファスナー会社のことだろう。ファスナーというのはけっこう壊れやすいんだ。アハハハハ」

と一笑に付すぐらいに軽く考えていた。また周囲も、この三人が最大派閥とどこまで戦えるのかと疑問視していた。

「情」の山崎と「理」の加藤をつなぐ

政治の世界では、「情」と「理」という二項で政治家を分析するケースがあるが、山崎拓は「情」を売り物にする人である。本人が学生時代に柔道をやっていて体育会系であることもあって、先輩・後輩の人間関係など「情」を売り物にする。

一方、日比谷高校→東大法学部→外務省（中国課在籍）というエリートコースを歩んできた加藤は、「理」の色合いが濃い。

その両者に対して小泉は「情」と「理」が非常にうまくミックスしている。

YKKトリオは、小泉が真ん中に立つから、「情」の山拓と「理」の加藤がうまく機能するのだ。接着剤的な役目を小泉が果しているといってよい。

三者は、山崎が昭和十一年生まれ、加藤が十四年生まれ、小泉が十七年生まれと、三つず

つ年が離れている。これも三者のバランスをよくしていたかもしれない。

そもそも政界で友情はなかなか育たないものである。安倍晋太郎と竹下登はかつて初当選の同期生だということで、それなりに仲がよかったが、これとてもあまりないケースといえよう。

それに二人の政治家が深い交友関係にあることは、安竹関係を一つの代表例としていくつかあるが、トリオを組むケースは希有である。ちょうど磁石のプラスとマイナスがうまくピタッとくっつくような効果も背景にあって、彼らの存在感が非常に高まってくる。特に三者のなかでも、いちばん果敢な行動を示すのが、さきの総務会単身乗り込みに象徴される小泉純一郎であった。

よくよく考えてみれば竹下派支配の海部政権が崩壊していく突破口は、YKK結成に端を発しているのである。

つまり小泉の政治活動のなかの悲願である、田中派（木曜クラブ）→竹下派（経世会）の巨大派閥の支配体制に風穴をあけようという目論見は、この海部政権崩壊の時点で瞬間的に成功したといえる。

あるときは三人で一人前。また、あるときは一人が三人前

YKKが結成されて、マスコミでもいろいろ注目されはじめた。

あるとき、小泉に、

「ＹＫＫとはどういうものだ」

と尋ねてみたことがある。すると、

「あるときは三人で一人前だ。また、あるときは一人が三人前になるんだ。そういう面白い関係なんだ」

と言っていた。

まだ中堅議員であった彼らにとっては、あるときは三人で一人前、あるときは三人が組むことによって九人前に限らず、十人前、二十人前ぐらいの行動も残してくるという状態になってきた。

2　省益より国益——郵政大臣就任

宮澤政権

海部の辞任後、ＹＫＫのそれぞれ所属する派閥の領袖である渡辺美智雄（ミッチー）、宮澤喜一、三塚博のいわゆるスリーＭが総裁選に出馬をする。

ＹＫＫは東京にいるときには常時連絡を取り合って、お互いの戦いは今こうなっているという情報交換をしていた。

しかし、その一方で加藤紘一は、経世会のプリンスといわれて一気に力をつけてきている小沢一郎と関係を保っていた。

これには訳があった。

昭和四十一年（一九六六）、加藤は山形から初出馬する前に、同じ東北（岩手）選出の一期先輩の小沢のところへ行って、初出馬に臨んでの、選挙戦術、戦法のあり方を教わったことがあった。同じ二世政治家ということで、親しい面もあったのだ。

また、このときの総裁選挙では、最大派閥の若き実力者、小沢がスリーＭを呼びつけ、面接めいたものを行なうとの場面を経て、宮澤政権が生まれた。

サンフランシスコ講和条約の場にもいたベテラン政治家の宮澤喜一がなんとも言えぬ笑みを浮かべながら、小沢と話し合う光景がテレビに映し出された。

加藤紘一は、内閣の女房役といわれる官房長官に就任した。このとき、一時的にＹＫの人間関係は光が当たる加藤、逆に日陰にいく山崎・小泉という対照を示すが、それでもお互いの友情は壊れていない。

宮澤政権には突きつけられた十字架があった。

海部政権から引きずる政治改革をするのか、そのために選挙制度改革にどう踏み込むかという命題である。

宮澤という男は大蔵省出身ということもあって外交と財政通だ。

それゆえ場合によれば本格政権になり得る資質を持った人だとの期待感があった。にもかかわらず、いちばんエネルギーを注がなければいけないのが政治改革論争であったところに宮澤の不運があった。

役所はパニック

この内閣で小泉純一郎は郵政大臣に任命された。

小泉からすれば、祖父がかつてやったポストではあるが、半分は門外漢のセクションである。ただ、小泉は財政危機というものが忍び寄っていることは痛感していたので、その打破策として「郵政三事業民営化」の持論をもっていた。

彼の考えはこうである。

「官は民を補完する任に徹すべきで、民間ができない厳しい仕事だけ官がやればいい。あとは民間の自由競争でやらせたほうがいい。また、官が特殊法人とかいろいろな形でやっているものは、官であるがゆえに、そこで仮に利益を上げても事業税は納められない。しかし、民営化して利益が上がれば事業税が国に納められるようになる。民営化できるものはどんどんしていくべきだ」

彼は組閣直後の記者会見で、思ったとおりのことを言った。

「本来、官は民を補完すべきものだ。だから、郵政業務というものは見直すべきだ」

また、

「高齢者向け、老人向けの三百万円マル優制度についてもいろいろ矛盾もある。三百万円預けられるような人をマル優で救う必要があるのか。マル優制度も、特に郵便貯金ではもうちょっと額を切り下げる必要があるのではないか」

と、いきなり記者会見で切り出した。

会見後に役所へ大臣を連れていく手はずで郵政省の役人が会見場の出口のところで待ち受けているのだが、彼らが予想だにしないことをいきなり記者会見でしゃべった。当然、そのときの記者席の反応は大きかったし、郵政省の役人も真っ青になりながら大臣室へ連れていくことになった。

こんな大臣の下でやっていられるか

そして大臣の椅子に座ると、これはまさに針の筵。

もともとこの省内は田中角栄が三十代で郵政大臣として初入閣して以来、田中派の牙城的な色合いが濃い。

そんな郵政省に、政策とか人事に対してつっかい棒をつけるような新大臣が入ってきたというので、役所の中には反小泉ムードが蔓延していた。

竹下派周辺のいわゆる郵政族は小泉をなんとかして謝らせよう、軌道修正させようとしていた。

急先鋒の笹川《ささがわ》堯《たかし》政務次官は、

「こんな大臣の下でやっていられるか。場合によれば辞表も提出するんだ」

と揺さぶりをかけてきた。

小泉のほうは、

「大臣の意のとおりにならない人は、どうぞ勝手におやめください」

と、むしろクールな対応だった。

小泉大臣対笹川政務次官、あるいは場合によれば自民党の郵政族となると単に与党だけでない、野党を巻き込んだ問題になる。

自民党を支える特定郵便局長、野党の基盤の全逓連……。こういう与野党にまたがる巨大な官庁、組合、そして既得権益社会に風穴をあけようとする小泉郵政大臣の動きに対しては、足下の政務次官のみならず、当時の野党からも「好ましからざる人物、小泉」という批判が出てきた。

多くの人は、

「やりにくい大臣生活を送るよりも、役人に上手に乗せられたほうが得だ」

と、考えて妥協をはかるが、小泉は生来の性格上そういうことは嫌いなので、やはり自分の政策面では我を通す。だから、いろいろな意味で役所のなかに亀裂が走る。

しかし、郵政官僚でも、

「大臣の考えはもっともだ。大臣はもうちょっと自分たちの目線よりも高いところを見ながらいろいろ言っている」

という連中が、若手中心に徐々に出てくるのだった。

宮澤政権に引導をわたす

満つれば欠ける世のならい、膨張しつづける竹下派の中で内紛がおきた。

竹下対金丸・小沢という形でなんとなく亀裂が走る。三人は姻戚関係にあるだけに、この騒動はまさに近親憎悪となり、その後の両者の抜き差しならぬ怨念政治を非常に拡大していってしまう。

小沢一郎は七奉行と言われたうちの過半、つまり羽田孜、渡部恒三、奥田敬和らを引き連れて自民党を離党し、ついに竹下派は分裂する。

そういう状況で小沢一郎グループは、海部が掲げていた政治改革を権力闘争の一つの道具に使ってきた。

宮澤政権で、選挙制度改革を含めて政治改革を実施するかしないかを執拗に問いただし、平成五年の通常国会の会期末、なかば恒例となっている野党から出る内閣不信任案に対して、小沢グループの小沢一郎、羽田孜、渡部恒三、奥田敬和といった人たちは、こぞって賛成に回った。

宮澤政権は総辞職せずに解散総選挙で対抗した。

結果として自民党は、小沢一郎の新生党、武村正義の新党さきがけなどの離党者がいたが、最初の離党者数と選挙の結果はほとんど横ばい状態で終わった。

横ばい状態で終わったところで、宮澤政権続投を期待する一部の入閣待望組の連中は首相官邸に駆けつけて、

「結果は横ばいだったから、ここで宮澤さんがやめる必要はない」

といいながら猟官運動をはじめた。宮澤も悪い気はしないから半分そこに乗りかかろうとする。

その光景を小泉はおかしいと思った。

「もう私はそんな考え方にはついていけない。今回の宮澤総理の責任は重大なんだから、ここは潔くお辞めになるべきだ」

と主張して、

「それをなされないのなら、私は一足先に辞表を出させていただく」

と、郵政大臣を辞任してしまった。

結局それがひとつの引き金になって、宮澤続投を期待した人々の動きも当然挫折するし、宮澤自身も小泉ショック療法によって引き時を察知して、そこで初めて退陣を明言するようになった。

自民党は小泉の辞表といっしょに、三十八年間、いわゆる「五五年体制」で守ってきた政権から下野していく。

その先には、これまで、味わったことがない、屈辱の野党生活があった。

3　「グループ・新世紀」——野党時代

ふらつく河野洋平

宮澤政権のあと、非自民連立八党の細川内閣が小沢一郎プロデュースのもとに生まれた。大きな時代の変革の予感と、細川新総理のお家柄、彼が持っている風貌で、世論は新政権に対して非常に高い内閣支持率で歓迎する。

そうなると、今まで野党暮らしをしたことのない自民党議員はどんどん先細りになってきて、細川人気が続く以上、自民党は永久に政権に復帰できないのではないかと、非常に弱気になってしまった。

野党時代の自民党は河野洋平総裁、森喜朗幹事長という新シフトで体制の建て直しを図った。ところが、かつて自民党を飛び出して新自由クラブに走った野党経験がある河野は、自民党の政権奪還一辺倒ではなく、ある時は細川政権にアプローチして、共存共栄を試みたりもした。要するに一貫性がない。総裁に一貫性がないことで、自民党に残っている人は、ますます明日に不安感を増してくる。

初めての野党経験、河野総裁の党運営に対する不信感のなかで、ＹＫＫトリオはこのままでは自民党がダメになってしまうと、深刻な危惧の念をいだいた。そして今までのＹＫＫという三人の仲間だけでなく、行動の輪を広げようと「グループ・新世紀」なる派閥横断の政策集団を結成した。

参集するもの中堅・若手議員六十四名。平成六年（一九九四）五月十六日のことであった。

細川打倒へ

彼らは、自分たちは細川の後ろにいる小沢一郎に対抗する勢力であると同時に、河野総裁に対しても、後ろから背骨をシャンとさせるように引っ張っていくグループである、と位置づけた。

そこで、「グループ・新世紀」のメインスローガンは、

・夢と若さとフロンティア

と決まり、サブスローガンとして、

・独裁政治と官僚政治を排除し、政治を国民のものとする。
・国民の活力を引き出し、夢と希望のある社会をつくる。
・日本の安全を守り、地球社会の連帯と福祉に貢献する。

という三ヵ条を掲げた。

「グループ・新世紀」の発会式でマイクの前に立つ小泉純一郎。
向かって左から高村正彦、小泉、加藤紘一、山崎拓。
（1994年５月16日、衆議院第二議員会館）

「グループ・新世紀」の代表は加藤、幹事長に山崎、座長に小泉、事務総長に高村正彦《こうむらまさひこ》が就任した。

閉塞感に陥ってまったく元気がなくなった自民党を建て直そうという記者会見には大勢の新聞記者が集まって、大きな注目を浴びた。

こういうものがいざ結成されると、分裂したあとの竹下派（経世会）も黙って見逃すことはできない。六十四名の新グループを戦々恐々としたマナジリで眺める。かつて小泉が「あるときは一人で三人前だから、しめて九人前」と言っていたものが、ついに六十四人のかたちになったのは、ＹＫＫがさらに大きく一歩前進、飛躍したことをあらわしていた。

彼らは定期的に勉強会を開いたが、同時に強調したのは「我々は政策行動集団である。行動も常にともなってやっていく」ということだった。

こうして「グループ・新世紀」の発足は、初めて下野して先行き真っ暗という失望を感じていた中堅・若手議員を結果的に励まし、我々がこうやって結集していけば政権奪還も可能になるのだという、文字通りの「夢と希望」を参会メンバーにも与え、それが一つの原動力になって、細川政権打倒につながっていく。

佐川急便からの政治献金やいろいろな問題で、細川には脇の甘いところがあった。また小沢一郎が勢いあまって、俗に「一郎・次郎コンビ」と称された、何十年に一人しか出ないといわれた大蔵省の大物事務次官・斎藤次郎の誘いにのって、国民福祉税をある晩突然立ち上げてきた。明らかにこれはオーバーラン気味だった。

国民福祉税構想が唐突に出てきたために、世論は高支持率だった細川政権に対して冷静に見直すようになってきた。それが大きなインパクトになって、細川政権は八ヵ月で崩壊せざるを得なくなっていく。

自社さ連立政権

細川は、平成六年四月に予算もあげないで途中で政権を放り出して、予算成立をそのあとの羽田孜政権に託す事態になる。

ここで羽田政権は、通常は三月末までに上がらなければいけなかった予算成立を、三ヵ月遅れとせざるを得ないという結果を招いた。このときの予算成立の遅れも、「失われた十年」といわれる、今日の長期不況を招く一つの要素だったことは否定できない。

羽田政権がつぶれたあと、自民党はあえて自党の党首である当時の河野を総理首班指名せず、非自民連立八党の寄合所帯の内部分裂の間隙をぬって、連立から抜けた社会党を抱き込み、当時の社会党委員長の村山富市《むらやまとみいち》を首班指名する。そこに武村正義率いる新党さきがけも乗り、「自社さ連立政権」という信じられない形で政権復帰が果たされた。

このプロセスで、ＹＫＫトリオが指導した集団の「行動」の二字は、際立っていた。そしてＹＫＫの三人の中では、小泉という政治家が行動力の点でさらに際立っていた。ある意味で言えば、自民党が政権復帰するファクターとして、小泉純一郎の存在は非常に大きかったといえる。

下野していた時期に、小泉が昭和天皇の御製を引いて絶対にここで負けるなと周辺を励まし、かつ自らを鼓舞してきたことは第一部でもご紹介したとおりである。

案外かんたんな構造

しかし、このように一見、複雑怪奇に見える政局も、「田中角栄の流れをくむもの」という視点からみれば、案外かんたんな構造である。

自民党宮澤政権、あるいは非自民連立八党の細川政権の舞台回しを行ったのは小沢一郎である。

それに対して竹下登は、「このまま負けられない」とばかりに細川、特にそのあとできた羽田政権にいろいろ深く介入しながら、この政権を潰した。さらに当時の社会党委員長の村山富市を取り込んで、そこに自民党が乗ることにして自社さ連立政権をつくる。竹下が一回小沢に煮え湯を飲まされたものの、巻き返しをはかる場面である。

宇野、海部政権は竹下がつくった。そして細川、羽田政権は小沢一郎がつくった。

その次の村山政権は、いろいろ関与した人もいるが、やはり竹下がつくった。そのあとの橋本、小渕政権も竹下主導でつくられていく。

つまり、角福戦争以来、福田赳夫を除いては小泉が属する常時第二派閥の清和会はまったく政権の座に就くことがなかったのに、この間に田中派、田中角栄の流れをくむ政権は連続的にどんどん出てくる。

政権が近親憎悪のなかで生まれ、ますます形を変えていく。竹下派経世会→小渕派平成研究会と名称こそ違え、最大派閥の自民党支配がずっと続けられる。

そういう中で、橋本内閣が生まれる。

4　ついに総理の座へ――YKKふたたび

無理やり

橋本政権誕生の際、小泉は橋本にチャレンジしたのだが、実際はあまりにもピンチヒッター的な出方だったので、負けてしまう。

本来ならば、橋本龍太郎がチャレンジャーで、受けるのは当時の総裁である河野洋平という想定であった。これを梶山静六が早稲田の河野と慶応の橋本の早慶戦といったことは序章で紹介したとおりであるが、河野は突然、敵前逃亡のように出馬を辞退した。

この背景の一つには、前の参議院選のまっただ中で河野が奥さんを亡くしたというプライベートな問題もあったようだ、彼自身、闘志が弱まっている時期だったのかもしれないが、あの新自由クラブを率いていたころの颯爽たる姿を知る者にとっては寂しさを感じさせる出馬辞退だった。

いずれにしても誰か立てなければいけない。三塚派から人を出せという話になった。しかも早慶戦というかっこうならば三塚会長か、ナンバー2の森喜朗に白羽の矢が立つ。

だが、ここでいま自分が出馬をしても、最大派閥の竹下派が国民に人気のある橋本という候補を出すから、勝てっこない。へたに総裁選に臨んで、竹下派の神経を逆撫でしては自分たちが損だと、二人は尻込みした。

それでも三塚派から誰かを出さなければいけないことになると、次男格にあたる小泉純一郎しかいない。小泉とすれば自分の本意ではなくて、総裁選という自民党の一つのフェスティバルでの「当て馬」として、無理やりに立候補させられるかたちだった。

むしろ橋本が評価

このときに、YKKトリオの山崎拓・加藤紘一はどうすべきだったか。

盟友が出馬をするから、小泉純一郎を応援する。当時の渡辺派、宮澤派が派閥全体で小泉を支援できなくても、山崎・加藤はそれぞれ直系の子分・後輩を持っているから、せめてその人たちだけでも馳せ参じさせれば、互角とはいかなくても、橋本と面白い戦いができるはず。ぜひその態勢をとるべきだった。

しかし実際は、両者は派閥のしがらみを考えると、勝ち馬に乗ったほうが得だとばかりに、むしろ橋本支援に回っていく選択をした。事実、橋本政権発足と同時に、加藤は幹事長という、次の総裁を狙うのに絶好のポジションを得るし、山崎も政調会長となった。つまり、それぞれ次の栄達のために必要なポストをとることのほうが先決、友情よりもそろばん勘定が優先だというスタンスを示したのである。

むしろ、戦った相手である橋本が小泉を評価した。「郵政三事業民営化」で橋本と打々発止と渡り合って新鮮な政策論争の意義を高めた小泉純一郎という人が持っている感性・人気を、橋本は自分の内閣、党のなかでも活用したいと、再三アプローチしたが、小泉は頑として受けず、

「派閥の中でも自分より大臣にならなければいけない人が大勢いるので、そういう人を優先で考えてほしい、そういうことの窓口はすべて三塚会長なので、そこに委ねたい」

との姿勢を貫いたこともすでに記した。

ふたたび厚生大臣に

総選挙が初の小選挙区制度で平成八年（一九九六）十月に行われ、橋本自民党は小沢新進党と「一龍戦争」を戦い勝利をおさめた。

その直後の内閣改造で橋本は六大改革、財政再建を掲げた。

高齢化社会のなかで高齢者医療問題についても負担増をさせなければいけないし、介護保険でもいろいろ経費がかかる。こういうものの法整備をしなければいけない。

しかも前任の厚生大臣は国民的な人気を博した菅直人である。菅のあとを引き継いで重要政策を担える、そして人気のある厚生大臣は誰かというと純ちゃんしかいないということ

で、橋本は内々に厚生大臣に就任してくれという連絡をしたが、小泉はまたはねつける。

しかし、橋本はこの人事に執拗にこだわって、それぞれ関係者全部を説き伏せて、小泉厚生大臣が生まれた。これがある意味で今度の組閣の原型であることも第一部で述べた。

岡光事件

さて小泉厚生大臣が就任してこれから業務を始めようとした矢先に表沙汰になったのが、いわゆる岡光《おかみつ》（序治《のぶはる》・前厚生事務次官）事件である。これは埼玉の特老ホーム絡みで、しかもホームのある選挙区から橋本派の支援を受けた茶谷《ちゃたに》（滋《しげる》・元厚生省課長補佐）が立候補して、落選している。こういう新たな疑惑事件が出てくる。それを小泉厚生大臣がどう裁くか。

まったく予期しない問題が目の前に出てきた。

当初、小泉は目をパチクリさせながら、

「なにか陰謀に出合ったみたいだ。橋本総理はこういう事件が背後にあるというのを本当に知らなかったのかな」

とちょっと半信半疑の状態だった。とにかくこの処理の仕方、なかでも岡光次官という、事件の責任をとってやめる者の退職金をどうするか。マスコミが鋭い視線を浴びせるなかで、新厚生大臣のお手並みが注目された。

小泉はある程度前例にのっとって対応、対処するという選択をした。

「非常に甘い。そういうものはビタ一文出すべきではない」

という批判もあった。

しかし、岡光がやめるときは、まだ逮捕もされていない、容疑の段階だった。法的に言っても、そこで一方的に退職金を渡さないというのはできないことで、マスコミの厳しい批判があっても、あの時点からすれば小泉の選択というのはやむを得なかったのではないか。

ところで、すでにのべたように行革の進め方について小泉と橋本では相違がある。小泉は行革の大詰め段階で郵政三事業民営化問題が、次第に後退させられるのが我慢ならなかった。そこで最終結着が首相の判断で図られようとする某日の深夜、個人タクシーで首相官邸に乗りつけ、極秘のうちに厚生大臣の辞表を提出しようとした。

その刹那、橋本から小泉に電話がかかり、小泉の意に沿うような対処法を早朝の首相の記者会見で言及するとの話で、一触即発の辞表提出の場面が辛うじて回避された秘話がある。これは当事者周辺しか知らない出来事だが、さまざまな局面で、閣内では激しい攻防戦が展開されていた。

政界のドン・キホーテ

橋本政権が、平成十年夏の参議院選で事前予想を大幅に下回るような四十四議席しかとれずに惨敗して、退陣を余儀なくされたことは記憶に新しい。そのあと「ポスト橋本」の総裁選挙が行なわれた。

橋本が属する小渕派から、選挙敗北直後に連続して総理を出すことは普通はあってはならないことだが、数の力を恃む小渕派は領袖の小渕恵三を候補に立てた。

それをよしとしない、同じ派の幹部である梶山静六は派閥を離脱して、当時の中曾根派などの支援を得ながら、小渕の対抗馬になろうとした。

そうなると小渕派とすれば、橋本惨敗ショックと、小渕派を飛び出た梶山静六が勝つ可能性を吟味しなければならない。反小渕票がすべて梶山静六に走らないためにも、もう一人候補を出さなければいけない。反小渕票を分断する必要があるなかで、誰か出る人はいないか。その役回りが、また三塚派に回されてくる。

やはりここは前回出なければいけなかった森喜朗が出るべきだが、森もいろいろ考えると、ここで小渕と戦うことはやはり得策ではない。森は派内の若手の人気が小泉にあるのを逆手にとって、自分は出ずに小泉出馬をしかけていく。

小泉にすれば、本意ではない出馬の環境がまたつくられていく。

当時、筆者は厚生大臣の部屋に行って小泉に会い、こう言った。

「二度目の出馬をするからには、今度こそ加藤と山崎の協力を取り付けて、YKKの形で出馬をしないことには、何のためのYKKか。加藤・山崎両者の協力が取り付けられないなら、出る幕ではないのではないか」

小泉も同じ考え方だった。

貸しはないのか？

しかしここへきても、前回同様に加藤・山崎はそろばん勘定をすると、小渕に恩を売っておいたほうが得策だと思ったのだろう、小泉の応援に回ることはしなかった。

ごく一部、お義理で派閥の若手をメインアシストさせるような形態こそとったものの、実態は本命の小渕を支援したので、ここでもＹＫＫが揃い踏みで小泉の出馬を支援する場面はなくなってしまった。

小泉からすれば、何のためのＹＫＫトリオかということになろう。筆者が小泉と会ったときに、

「ＹＫＫトリオといっても、肝心かなめのところで両者は裏切り行為をはたらき、協力をしてくれないいじゃないか」

と言ったところ、小泉も、

「全くそのとおりだ」

と言う。

「両者に貸しがある気持ちにならないか？」

と畳み込むと、

「政界では、友情と個々の打算という二つが並立していってしまうんだな」

といって、深い恨みを持っている風もなかった。

加藤の脆さ

そういう場面があったあと、小渕緊急入院という事態を経て、タナボタ式に森政権ができる。密室で生まれた政権で、政権誕生時から国民の目は冷やかだった。そこへ本人の失言問題、総理として資質を問われるさまざまな事件が重なって、ずっと内閣支持率は低い。

そして平成十二年（二〇〇〇）秋の臨時国会の会期末に、野党の鳩山民主党以下が共同で内閣不信任案を出す場面を迎えて、加藤紘一は野党の森政権不信任案に賛成する挙に出た。そして山崎拓も、これに乗ずる。

小泉純一郎は森派会長で、総数が六十名。宮澤派を引き継いだ加藤派が六十三名、山崎拓が最盛時で三十名。かつて「グループ・新世紀」のときは六十四名だったのが、このときは三人がそれぞれ派閥会長の立場におさまって、総勢百五十名という大きなところの指揮官のポストに座って、政界で重きをなすようになっていた。

森派の派閥会長は小泉で、小泉は森政権を守らなければいけない立場であることを承知のうえで、加藤は山崎と組んで不信任案に賛成する挙に出た。つまり加藤派六十三名と山崎派二十三名と野党と協力すれば、不信任案が成立するかわからないという厳しい瀬戸際だった。

森派内でも、森の不人気で否決に回るのは辛いとの悲鳴が続出する中で、「森派の連中がもし造反したとしても、自分は会長である以上、最後のたった一人になっても森さんを守るのが自分に課せられた使命である」

という堅い態勢を崩さずに、ある意味ですべての点で対立してきた幹事長の野中広務と手を結んで、なりふりかまわず絶対擁護にまわった。

このとき加藤派は過半が加藤と離別して、加藤は六十三名の派閥の長から、一気に十五名の小派閥の長に落ちてしまった。そのとき山崎拓は、二十三名のグループのうち落ちこぼれはただ一人、残りの二十二人は揺るぎない結束力を示した。

こういう修羅場に臨んだときに、「理」の政治家と「情」の政治家のどちらが強いかを、明白な形で見せつける結果であった。

原点にかえって

さて、二〇〇一年五月現在。このままだと加藤にまったく明日はないと見られていたのが、少し様子がかわってきた。今度の総裁選挙で、小泉が加藤・山崎という一つ間違えば先細りするようなところに、ある意味で救いの手を差しのべたからだ。

「自分は派閥を離脱する。自民党の中の王座を握り続けようとする橋本派のいろいろなシナリオに対抗し、ＹＫＫが結成の原点に戻って戦おう」

ジリ貧の加藤、山崎グループに共同戦線を持ちかけ、彼らに助け舟を出したわけである。四月の総裁選で加藤・山崎は、ここで小泉を勝たせれば自分たちも復権できる、一回完全に消えた夢がもう一度復活すると考えたのだろうか、それぞれの派内の議員がそれぞれ懸命になって、小泉を勝たせる電話作戦を展開した。また自分の選挙区の都道府県の代議員・党員を取りまとめる側面援助を行った。

海部政権が出来た当時から足かけ十二年ではじめて、彼らが倒さなければいけないところに、三者が同じ目線でぶつかっていって、橋本候補を惨敗に追いやる大きな成果を示したといえる。

せっかくあるべき姿にもどったのだ。小泉総理が唱える「聖域なき構造改革」に、加藤・山崎がどう協力していくのか。

また、これから橋本派の巻き返しとは別に、政官業のなかでの既得権益社会が「打倒小泉」のいろいろな行動に出てくる。それらの障害を乗り越えて、トリオの原点たる友情を強く持ちながら、そういうものを打破していけるかに注目したい。

小泉の戦いは終わらない。むしろ、政権発足の今日からこそ、真の戦いが始まるのだ。

むすびに──小泉内閣の課題

高すぎる支持率

小泉政権の今後の課題はあまりにも高い内閣支持率にある。

七八パーセントから八八パーセントという、一社を除いては、細川政権を追い抜く史上最高のスタートをこの内閣は切った。これはまさに、まだ政治面では何もしていないところでの期待である。

こういうハイレベルの支持率を得るとは、ある意味で言えば今後が非常に難しくなるということだ。期待が大きいということは、一つ期待に反するようなものが出てくると、一気にそれが下落してしまうということに通じるのだ。

逆に、六〇パーセントか六五パーセントぐらいの出発点で、じわじわと上がっていくほうが、むしろ内閣周辺にいる人とすればやりやすい面があったろう。小泉総理、その周辺の人は、非常に難しい局面に立たされている。

それを示す一つの事件が、内閣発足直後に起きた北朝鮮のキム・ジョンナム（金正男）、すなわちキム・ジョンイル（金正日）の長男と目される人の、偽造パスポート入国事件に対する内閣の対処の仕方であった。

外務省と警察庁が真っ二つに割れ、強硬派の警察庁を、外務省の事なかれ主義が押し切る。また、小泉政権がそれを支持して、結果として三泊四日で、中国経由で国外退去という解決策を目論んだ。これに対する批判が非常に強まってきている。

このようなものが一つ出てくると、高い支持率は一気に急落しやすい。とりわけ日本人の国民性は、熱しやすく冷めやすいものがあるので、これは期待外れだ、失望だということになると、急落してしまう。

野党も当然、世論の反応を見ながら、こういう大きなブレを突き、一気呵成に参議院選で攻撃材料にしようと欲するだろう。また、自民党の中で、長年支配体制を誇示してきた橋本派は、今回、党三役人事から外されるという、三木政権以来、四半世紀ぶりの屈辱を味わった。この橋本派の巻き返しも出てくる。

対国民、対自民党内、あるいは連立パートナーの公明党、保守党を見ても、政権基盤は決してしっかりしているとは言えない。単に高い支持率だけが支えている、実体的には非常に軟弱だという問題も抱えているのである。

外交問題

政策面でいうと、まず外交では、小泉総理は当然、「日米関係は外交の基調である」と、訴えるだろう。六月には日米初の首脳会談がある。先方もまだ誕生半年のブッシュ新政権で、初めての顔合わせということになる。

現時点でアメリカは、小泉改革路線に対して大きな期待を寄せている。しかし、アメリカの方からはいろいろな要望が出されてくるはずである。その要望の中で、小泉が訴えている構造改革は支持される反面、一日も早く景気回復に具体策を打てという話も出てくるだろう。相反する景気回復と財政再建、構造改革をうまく両立させることができるかどうか、アメリカから突きつけられたときに、どのように対応するのか。

また、アメリカは、長年の主張である、「日本は日米安保条約という片務条約の中でぬくぬくと経済発展を成し遂げてきた」との厳しい意見を継続させている。ブッシュ政権はクリントン前政権とは違い、対中国に非常にシビアな姿勢で対応するような政権であり、当然、極東の安全、極東における集団的自衛権で、日本に応分の要求を求めてくることも必至であろう。このときに、一部ではタカ派政権と言われる小泉内閣が、どのような対応をするのか。アメリカが要求するものと国民が求めるところの平和主義のギャップを、現実的にどのように埋めていくのであろうか。

さらに、対米政策とは別に、近隣諸国との関係がある。たとえば対中国関係でいえば、李登輝台湾前総統の訪日問題、あるいは教科書の検定問題、農産物、衣料品などの輸入制限問題に対して、中国は日本に非常に厳しい対応を迫っている。教科書問題については中国のみならず、韓国も、いわゆる再検定、見直しを要求してきている。

あるいは総理自身、八月十五日の靖国神社参拝は、内閣総理大臣小泉純一郎と記して、個人としての立場で参拝したいと明言している。小泉は初志貫徹の人だから、おそらく八月十五日にそのような形で実行することは間違いない。ここでもまた、アジア近隣諸国から日本に対して厳しい視線が向けられるだろう。

近隣諸国との友好、信頼関係を構築していく上で、いつまでも過去を引きずることはよくないのではないか。小泉新総理本人の言葉を借りるならば「粘り強く相手の理解を求める」というのは、「弱腰外交は日本の国益にそぐわない。粘り強く交渉を続けることは、日本の立場を相手に理解してもらう不可欠な条件になる」ということだろう。この面において、中国、韓国、また朝鮮半島全体といった近隣諸国との、過去に固執しない新たな友好関係を、実際どのように構築していけるか。

学生時代、イギリスに留学経験を持つ小泉は、外交関係のポストにこそ就いていないが、国際感覚では卓越した一面も持ち合わせている。その卓越した面が、日米、あるいは近隣諸国との外交でどのような成果を結んでいくか、注意深く見守らなければいけない。

マクロ的に

また、世界経済の流れを見たときに、東西冷戦構造崩壊以前の自由主義経済マーケットへの、全世界での参加人口は十億人であった。しかし、冷戦構造崩壊後、ロシア、中国、東欧諸国などが新たに自由主義経済マーケットに参入したことにより、この市場は一度に四十億人に膨れ上がった。新たに参入した三十億の人々の平均年収は、日本のそれの七分の一から十七分の一という。彼らは当然、ロー・コストで生産物をつくることができ、それを輸出することが可能になってくる。一気に肥大化した自由主義経済マーケットを視野に入れながら、日本の経済の立て直しを図らないと、小手先で補正予算を三兆、五兆単位でばらまいたところで、経済は本当によくなるわけがないのである。

このようなマクロ的な視野に立ち、小泉が経済の構造改革をどのように成し得るか。特に経済、景気問題は、国民生活にいちばん直結している、身近に感ずる問題である。したがって、その成果に寄せる国民の期待が大きいだけに、景気回復が如実に示されない場合、大きな失望感が小泉政権に押し寄せてくるはずである。

道は遠い

彼は聖域なき構造改革を主唱しているが、その中でも行政改革、財政改革については、いざ現実の行動に移すとなると、その前面に立ちふさがるのは、長年培われてきた政官業の既得権益擁護集団の強い反発である。郵政三事業民営化に対する、政界や、現在は総務省の中に取り込まれた旧郵政省の反発の中に、既得権社会擁護の根強い姿勢をかいま見ることができる。

しかし、このような既得権を一つずつ確実に打破していかないと、国民が期待するような改革は実際、前進しないのである。

また、農耕民族を先祖とする日本人は、一方では改革を期待する反面、他方では激変緩和を望むようなウエットな国民性も持ち合わせている。総論で改革というときは拍手をしていた国民が、いざその改革から生じる一時的なマイナスが我が身に直結する、あるいは自分の勤務先に直結するという事態に直面したと想定するならば、直ちに激変緩和のスタンスに転ずることも十分起こり得る。

このように、構造改革は、既得権社会の実際の姿と相まって、いざ実行に移すとなると、かなり難しい面が多い。ここを粘り強く、小泉総理が閣内、あるいは党内にどれだけ賛同者を増やしながら、初志貫徹していけるかどうか。

現時点では小泉総理一人の人気、場合によれば田中眞紀子外務大臣、あるいは石原伸晃行政改革担当大臣、あるいは民間の竹中平蔵経済財政担当大臣という目玉大臣の人気に支えられていても、政治の世界で最後にものを言うのは数の力であることも否定できない事実である。小泉総理がただ一人、孤高を行くような形で改革を主張しても、永田町での数の力、賛同者を確実に増やしていかない限り、初志を完遂することは難しい面も多いのだ。

単なるブームに終わらせてはならない

「失われた十年」という言葉のもとに、政治も経済も広範にわたる失速状態が続いてきた。その姿に国民は失望し、選挙のたびに無党派層が増大してきている。この層は、ある意味でいうと政治に非常に細やかな関心が実際はある人たちだ。ただ、彼らを満足させる既成政党が存在しないのだ。

その失望感のあらわれが、無党派の乱になった。長野、千葉などの地方選挙では、今までは全く考えられないような田中知事や堂本知事の誕生を招いた。東京都の石原知事が高い支持率を得ている現象にも、永田町の中での閉塞感、また、永田町に強いリーダーシップを持った人がいないことを背景に、そこで満たされない期待を大衆が石原都知事に託そうとしたという側面が見てとれる。

そのような中で、小泉政権が高い支持率を得ていることは、まさに政治に失望していた多数の国民が、新たな風穴を開けてくれる人を望んだことを示す。自ら「変人というのは変革の人を意味する」と主張する、小泉の政治スタイルは、従前の実力政治家と称される人とは全く異なっている。はっきりと言うべきことは言う、また、「国民に耳の痛いことでも、それが必要とあれば正直に話す、説明するというのが本来の政治家の姿ではないか」と、けれんみなく明快に変革の必要を訴える新たなリーダー像は、石原都知事と比べても決して遜色がない。石原都知事よりも年齢が十歳若い分だけ、清新さも感じさせる。これが、一種の小泉ブームを招いているのだろう。

このブームを単なるブームだけで終わらせては、国民の期待は実らないのである。むしろ国民サイドが、今までの日本の旧弊、すなわち「権益社会」を打破するために、小泉政権を一緒に支える必要がある。そして支持を受けた議員が、自らの議員生活もそのように対処していかないと、新しいページは開けない。

従前のように、選挙区に利権を運んでくることによって安易に当選を重ねようという国会議員の姿は、むしろ時代遅れだということも、小泉新総理の出現は国民に訴えているはずである。

人気先行と言われる小泉の主張する改革路線を、日本国民がどこまで本当に理解し、その必要性を実感するか。また、そのために、当然起こり得るであろう一時的な痛み、我慢にも耐える勇気があるか。要は、こうした国民の姿勢と共に、小泉政権による改革路線が遂行されるかどうかである。

これに対しては、おそらく欧米諸国に限らず、全世界が深い関心をもって見守っているはずである。

米百俵

総理に就任し、五月七日に小泉は初の所信表明演説を行なった。その最後の部分で、彼は越後長岡藩の小林虎三郎の「米百俵」の話を持ち出した。所信表明でこのような引用がなされるケースは極めて珍しい。

小林は、

「藩に与えられた米百俵を、八千人の藩の人が食べれば二、三日でなくなってしまう。しかし、これで学校をつくれば、その後に大きく寄与するものがあるはずだ」

といって、阪之上小学校、あるいは旧制長岡中学校をつくる方針を選んだ人物である。そして事実、この両校からは、各界の俊英が輩出されてきた。

あえて小泉がこのような「米百俵の話」を持ち出す背景に、彼のどういう思いが込められていたのか。

それは、

「政治家にとっていちばん大切なことは、目前の対応を小手先で簡単に行なうことではない。やはり中期、長期に及ぶ先見力、それに対応する行動力というものを持たなければいけない」

ということだったのではないか。

それを総理に就任した直後の我が身に言い聞かせると同時に、同僚議員にも訴えたかったのではないか。

「決して目前の快楽に走らず、耐えるところは耐え、中長期の幸せ、繁栄を求める世の中にしてほしい」

単に政治家のみならず、国民にも理解してほしいというメッセージだろう。

あの演説は、日本の政治がますます内向き、場当たり的傾向を強める中で、

「構造改革を、そしてもっと外向きの中長期が展望できる政治をつくろう。そのために政治家と国民が力強く結束していこう。小林虎三郎という先人に学ぼうではないか」

という意義深い提言であったのだと筆者は信じている。

あとがき

平成と元号が変わり、十二年四ヵ月を過ぎた時点で、日本の総理大臣は、いま十一人目の小泉純一郎が誕生した直後である。一内閣の平均寿命は、単純計算すれば一年一ヵ月少々になる。

このように総理がクルクル代わる姿こそ、今日の日本の政治が非常に混迷していることの象徴である。

毎年、先進国サミットが行われる。アメリカのクリントン大統領は二期八年間続けて出席してきた。かつてのドイツのコールは、連続十一回サミットに出席している。しかしいかに議院内閣制で国会の勢力しだいで政権が交代するとはいえ、一年一ヵ月で国家を代表する人物が代わることは、極論すれば、毎年サミットごとに国際舞台に「ハウ・ドゥ・ユウ・ドゥ」と挨拶をしているだけと同じである。

これでは、日本の国際的な発言力が増すわけがない。

いま日本の政治・経済を語るうえで、国内的に内向きに語っているだけで、すべてが解決される時代でないことは言うまでもない。大きな国際化の流れのなかで、進路をきちっと把握しない限り、この国の繁栄はない。しかし平成の現実を見ると、ご自慢の経済も失速しつつある。それは「失われた十年」という言葉で表現される。また我々は政治の不安定さ、混迷に対し、大きな失望感・閉塞感を抱いている。

いくつかの要因がある。

それは、本来ならば政策理念を表立ってしっかり論じなければならない政党政治が、機能不全を起こしているからだ。また長年、自民党最大派閥の田中派→竹下派の流れが、日本の総理大臣の座に対して、権力の二重構造を仕掛け続けてきた事実もある。

このような政治の流れのなか、ある部分では「官高政低」という姿も出てきている。また細川政権以来、相続く連立政権の姿は、各政党の妥協により、それぞれの主義主張、政策のオリジナリティを失わせるマイナスももたらしてきていた。

＊

今年四月に行われた自民党の総裁選挙で、四人の候補者中、長らく改革を訴えてきた小泉純一郎が圧倒的勝利をおさめ、新総裁・総理に就任した事実は、まさにそうしたものを一気に打ち破るような大きな出来事であった。

小泉新総裁・総理は、総裁選予備選で公約した、今までの派閥均衡順送りを打ち破る、まったく新たな党三役・閣僚人事を国民の前に示した。これを受け、史上最高の内閣支持率で小泉政権はスタートをした。

小泉新首相が長らく訴えてきたことは、「政官業にまたがる既得権益社会を打破しなければ日本の明日はない、沈没してしまう」ということであった。その焦点の一つが、「郵政三事業民営化」でもあった。しかし小泉のような閣僚として重職を経た人物の主張であっても、実際それを受け止める政官業各所の壁は非常に厚かった。

小泉新政権発足。その厚くて破れない壁に、いよいよ風穴を開ける瞬間がきたと思わせる。「長らく抱いてきた閉塞感が打破されるかもしれない」そんな期待を、多数の国民が持っている。

まさに、小泉総理が所信表明演説で説いた「新世紀維新」のときがやってきた。この彼の主張が、国民から大きな支持を得られるか否かの分岐点は、この夏の参議院選挙にある。

＊

いま国民は、新たな時代のページがめくられることに、大きな期待を寄せている。小泉ブームの背景に何があるか、また小泉がどのような人物であるかを知ることは今後の我が国の進路を見定める上で大切なことではないか。

このような思いもあって本書は緊急出版されることになった。

政治ジャーナリストとして、あるいは同世代、また大学同窓の立場で、長らく彼を身近で見てきた筆者であるが、ここで小泉純一郎という政治家を皆さんに紹介する機会を得たことに万感の思いがある。

ただ、緊急出版ゆえタイムリミットもあり、思わぬ遺漏、脱落や誤り、粗雑な箇所があるかもしれない。なにぶん、そこはご容赦いただくとともに、読者のご教示をあおぎたい。また、著述の上で各関係の方々の敬称を省かせていただいたことをお断りしておきたい。

このような、きわめて短時間での上梓を可能にした、講談社文庫の横山建城氏、速記担当のオフィス・ワンのみなさん、校正、製作、印刷、製本、販売にかかわったすべての方々、写真を提供してくださった神奈川新聞社、解説の労をお取りくださった藤井稔氏の多大なご助力に心からの感謝を申し上げる。

浅川博忠

平成十三年　五月十日

解説——私のみた小泉純一郎

神奈川新聞社編集委員
藤井　稔

「金丸氏、経世会（竹下派）に頼ってきた党運営を全党体制に切り替えていかなければならない」「総理はもっとはっきりものを言わなくてはいけない。奥歯にものの挟まったような、何かにおびえているようなことを言っている場合ではない」——。

九年前、東京佐川急便から五億円の違法献金を受けた金丸信前自民党副総裁の罰金刑が確定した。それを受けて金丸氏が議員辞職した際、筆頭副幹事長だった小泉純一郎氏は私のインタビューにそう答えた。当時の総理は宮澤喜一氏。「いまが政界刷新のチャンスだ。総理もよりいっそうの指導力を発揮しないと政権そのものがおかしくなる」。混迷している政局をなんとか乗り切ろうと、単身、総理官邸に乗り込み、宮澤首相に「指導力を発揮しなさい」と直談判したのも、田中派→竹下派→小渕派→橋本派と続く最大派閥からの脱却なくして政治改革はありえないという信念があったからだろう。

物怖じしないで、言うべきときに、言いたいことを言う。政治家は発言に責任を持つ。だからオフレコはない。――というのが〝小泉流〟。郵政大臣に就任しても、郵政三事業の民営化、老人マル優制度反対、「官は民の補完であるべきで、官民協調して発展していくべきだ」といった持論は曲げない。それだけに「大臣とは意見が違う」と任期満了前に辞任した笹川堯前郵政政務次官との、衆議院逓信委員会での論戦は委員会を活気づかせた。

さらに首相公選制度についても郵政相時代に、世話人の一人として「首相公選を考える国会議員の会」を発足させている。その際、「国民が選挙で首相を選ぶようにすれば、国民が政治に参加でき、自分たちの総理だという意識ができる。天皇制との関係で憲法改正が必要だが、国民が選んだ首相を天皇が任命すればいい。憲法は時代に合った形に変えるべきだ」と述べている。

＊

いま、郵政三事業の民営化、首相公選制などで、与野党から質問が相次いでいるが、郵政相当時から小泉氏の政策、考え方にはぶれがない。きのう、きょうの思いつきの政策でないことが、これで証明されたことになるのではないか。その根底を貫いているのは、「政治家だから何が国民のためになるかを問題ごとに考えて発言するのは当然だが、政治改革問題にしても、根底にこの問題はおかしいという意識がなくては発言はできない。その上に〝公の憤り〟がないと、多くの人の抵抗を押し切ってはいけない」という視点だろう。「省益より国益」「局あって省なし」もかねてから盛んに聞かされた持論だ。

すでに「首相にしたい人」の上位にランクされていた昨年八月にも会う機会があった。それから一年もしないうちに、首相の座を射止めるとは、小泉氏自身、思ってはいなかったろうが、総裁選での公約が随所に飛び出した。

「二、三年マイナス成長を覚悟するくらいで、本格的な財政構造改革に取り組まないなら、日本新生はありえない。高校野球だって、きつい練習をしないでいい試合はできないのと同じだ」「返すあてのない借金をしまくって、ばらまいている。行政改革をあきらめ、やってはいけない増税をしようとしている。原則を重視しないところに混乱の原因がある」「予算を削減しないで増やすばかりだったら、だれだってできるし、本格的な政治主導とはならない」「国債の増発という特効薬が効かなくなって、国民意識が盛り上がった時にこそ、今の混乱を打開できる。五年先か十年先か分からないが、早晩そういう時期がくる」「徹底した行財政改革。政権の交代が可能になる首相公選制を実現したい」――。

＊

今年は祖父・又次郎氏の死からちょうど半世紀。父・純也氏の三十三回忌に当たる。又次郎氏は普通選挙実現運動の先頭に立った〝過激派〟で、戦前に逓信大臣を務めた民政党の有力政治家。純也氏は防衛庁長官などを歴任した藤山派。小泉氏も福田元総理の下で書生を務めた。父の死去で、急遽出馬した初陣は四千票の差で惜敗。以降も常に田川誠一元自治相にトップの座を譲ってきた。

しかし、「国会議員は国政に専念すべきだ」としながらも、米軍基地周辺予算の増額、武蔵野南線の旅客化、無線局の昇格、郵便局の設置など地元の陳情には誠意をもって対応。約束を必ず果たす誠実さ、大臣就任の祝いの贈り物は受け取らないといった清廉さで、着実に政治家としての地歩を固めてきた。小泉首相には又次郎、純也両氏の「親庶民・反特権階級」という血が流れている。

とはいえ、三度目の総裁選で最大派閥の会長を破るとは、だれが予想しただろう。小泉氏自身も「いいところまでいければ」というのが本音だったに違いない。だから政策の具体論を問われても「これから」となるのも無理からぬところがある。しばらくは温かく見守っていきたい。

小泉氏は土佐弁でいう「いごっそう」。信念を曲げない頑固者。やると言ったら、いかに反対が多かろうが、やり遂げるはずだ。国民との約束は必ず果たすはずだ。集団的自衛権の行使、有事法制の検討、靖国神社への参拝など、「清廉なタカ派」というイメージが徐々に明らかになってきているが、たとえ立場が違ったとしても、「約束を果たす」点においては、政治家の範となるだろうことは間違いない。

最後にこんなエピソードを紹介しておこう。

――郵政大臣に就任した際、地元の有力支援者が「とにかく大臣室で小泉大臣に会わせてほしい」と申し入れてきた。しかし、忙しいさなか。秘書はこう言ってやんわり拒否した。「まあ、仮に年賀はがきの一等にでも当たったらそういう機会をつくりましょう」。年末だったことや年賀はがきの所管が郵政省だったことから、とっさに出てきた条件。一等に当たる確率は百万分の一。可能性はかぎりなくゼロに近かった。しかし、運がよかったというのか、その有力支援者、一等を当ててしまったのだ。これには小泉氏も驚いたようだったが、「約束は約束だ」と時間を割《さ》いて面会した。「男の約束」は必ず果たすという小泉氏ならではの話ではないか。

その小泉氏が「聖域なき構造改革」を実行し、自民党を変えることができるかどうか。少なくともみずからの言葉で語るという今までにない政治スタイルは、好感をもって受け入れられている。所信表明演説の「約束」がどこまで実行されるのか。「恐れず、ひるまず、とらわれず」の精神で、果敢に「新世紀維新」に挑んでもらいたい。座右の銘は「信なくば立たず」。いま、国民の「信」と期待を一身に受けているのだから、遠慮はいらない。

【二〇〇一年五月十四日記】

小泉純一郎関連年譜

一八六五年　五月十七日　**小泉又次郎、武蔵国久良岐郡六浦荘村に生まれる。**

一九〇四年　一月二十四日　**鮫島純也、鹿児島に生まれる。**

一九〇七年　横須賀に市制施行。又次郎、市議会議員に当選。

一九〇八年　**又次郎、衆議院議員に当選。**

一九一九年　**又次郎、普通選挙獲得運動を起こし、常に大衆運動のリーダーとして先頭に立つ。**

一九二四年　第二次護憲運動。護憲三派内閣成立。

又次郎、衆議院副議長。党籍離脱の先例をつくる。

一九二五年　普通選挙法公布。

一九二八年　又次郎、立憲民政党幹事長に就任。

一九二九年　七月　**又次郎、浜口内閣の逓信大臣に就任。**

一九三〇年　純也、日本大学政治科を卒業。
一九三四年　又次郎、横須賀市長に就任。
（このころ鮫島純也、小泉姓を名のる）
一九三七年　又次郎、立憲民政党幹事長に就任。
純也、鹿児島一区から出馬して当選。
一九四二年　一月八日　**純一郎、神奈川県横須賀市に生まれる。**
一九四四年　又次郎、小磯国昭内閣の顧問となる。
一九四五年　敗戦。
一九五一年　九月二十四日　**又次郎没す。享年八十六歳。**
一九五二年　**純也、神奈川二区から出馬して当選。**
一九五四年　純一郎、横須賀市立山崎小学校卒業。
一九五七年　純一郎、横須賀市立馬堀中学校卒業。
一九六〇年　純一郎、神奈川県立横須賀高等学校卒業。
六〇年安保闘争。
一九六四年　七月　**純也、池田内閣の防衛庁長官に就任。**
一九六七年　純一郎、慶応義塾大学経済学部卒業。イギリスに留学。
一九六九年　八月十日　**純也没す。享年六十五歳。**

以降純一郎の主要履歴

一九六九年　　　総選挙に出馬するも次点で落選。
一九七〇年　　　福田赳夫の秘書となる。
一九七二年　十二月　**衆議院初当選**。大蔵委員会に所属。
一九七三年　　　宣伝局次長。
一九七六年　十二月　総選挙。当選二回。
一九七七年　　　党財政副部会長。
　　　　　　　　党総務。文教局次長。
一九七九年　　　**大蔵政務次官**。
一九八〇年　十一月　総選挙。当選三回。
　　　　　　　　財政部会長。経理局次長。
一九八一年　七月　総選挙。当選四回。
　　　　　　　　全国組織副委員長。
一九八三年　　　副幹事長。
　　　　　十二月　総選挙。当選五回。
一九八四年　　　全国組織副委員長。

一九八六年　　衆議院大蔵常任委員長。
　　　　　　　政調副会長。
　　　　七月　総選挙。当選六回。
一九八七年　　国対副委員長。
一九八八年　十二月　**竹下内閣厚生大臣。**
一九八九年　六月　**宇野内閣厚生大臣。**
　　　　　　　全国組織委員長。
一九九〇年　　安倍派事務総長代理。
　　　　二月　総選挙。当選七回。
一九九一年　　**ＹＫＫトリオ結成。**
　　　　　　　副幹事長。
一九九二年　十二月　**宮澤内閣郵政大臣。**
一九九三年　八月　総選挙。当選八回。
　　　　　　　自民党が過半数を割る。郵政大臣辞任。
一九九四年　　三塚派副会長。
　　　　　　　「グループ・新世紀」結成。
一九九五年　九月　**総裁選に出馬。橋本龍太郎に敗れる。**
一九九六年　　三塚派代表幹事。

一九九六年　十一月　総選挙。当選九回。
橋本内閣厚生大臣。
一九九八年　七月　**総裁選に出馬。小渕恵三、梶山静六につぐ三位。**
一九九九年　森派会長代行。
郵政民営化研究会会長。
二〇〇〇年　森派会長。
七月　総選挙。当選十回。
森を守って加藤の乱を鎮圧。
二〇〇一年　四月　**橋本龍太郎、麻生太郎、亀井静香を敗り、第二十代自由民主党総裁に選出。**
第八十七代内閣総理大臣に選出。

●主要参考文献（著者名五十音順）

浅川博忠『燃えよ三田政治家45人の応援歌』（紀尾井書房、昭和六十一年）
　『政治家を見抜く』（オーエス出版社、一九九八年）
　『小説　角福戦争』（講談社文庫、一九九九年）
　『小説　角栄学校』（講談社文庫、一九九九年）
石井　昭『ふるさと横須賀——幕末から戦後まで』上下（神奈川新聞社、昭和六十二年）
加藤　勇『小泉又次郎伝——普選運動の指導者』（小泉又次郎伝発行委員会、昭和四十七年）
神奈川県立横須賀高等学校『創立七十周年記念誌』（昭和五十三年）
俵孝太郎『日本の政治家　父と子の肖像』（中央公論社、一九九七年）
戸川猪佐武『保守人材論』（民族と政治社、昭和四十四年）

＊このほか、『国史大辞典』（吉川弘文館）など、各種辞典・年表類を適宜参照した。
なお、個々の著作の刊行年は、奥付による。

●本書は文庫緊急書き下ろし＋語りおろしです。

|著者|浅川博忠　1942年東京都生まれ。慶応大学商学部卒業。(社)時事問題研究所常務理事などを経て、政治評論家に。東北福祉大学客員教授。著書に本書のほか『小説　角栄学校』『小説　角福戦争』『小説　池田学校』『電力会社を九つに割った男』(以上、講談社文庫)、『橋本龍太郎』(東洋経済新報社) などがある。

人間《にんげん》　小泉純一郎《こいずみじゅんいちろう》　三代《さんだい》にわたる「変革《へんかく》」の血《ち》

浅川博忠《あさかわひろただ》

講談社文庫

定価はカバーに
表示してあります

2001年5月25日第1刷発行
2001年7月13日第4刷発行

発行者――野間佐和子
発行所――株式会社　講談社
東京都文京区音羽2-12-21　〒112-8001
電話　出版部 (03) 5395-3510
　　　販売部 (03) 5395-3626
　　　製作部 (03) 5395-3615

Printed in Japan

デザイン―菊地信義
製版――大日本印刷株式会社
印刷――大日本印刷株式会社
製本――株式会社若林製本工場

落丁本・乱丁本は小社書籍製作部あてにお送りください。送料は小社負担にてお取替えします。なお、この本の内容についてのお問い合わせは文庫出版部あてにお願いいたします。　(庫)

ISBN4-06-273218-1

講談社文庫刊行の辞

二十一世紀の到来を目睫に望みながら、われわれはいま、人類史上かつて例を見ない巨大な転換期をむかえようとしている。

世界も、日本も、激動の予兆に対する期待とおののきを内に蔵して、未知の時代に歩み入ろうとしている。このときにあたり、創業の人野間清治の「ナショナル・エデュケイター」への志を現代に甦らせようと意図して、われわれはここに古今の文芸作品はいうまでもなく、ひろく人文・社会・自然の諸科学から東西の名著を網羅する、新しい綜合文庫の発刊を決意した。

激動の転換期はまた断絶の時代である。われわれは戦後二十五年間の出版文化のありかたへの深い反省をこめて、この断絶の時代にあえて人間的な持続を求めようとする。いたずらに浮薄な商業主義のあだ花を追い求めることなく、長期にわたって良書に生命をあたえようとつとめるところにしか、今後の出版文化の真の繁栄はあり得ないと信じるからである。

同時にわれわれはこの綜合文庫の刊行を通じて、人文・社会・自然の諸科学が、結局人間の学にほかならないことを立証しようと願っている。かつて知識とは、「汝自身を知る」ことにつきていた。現代社会の瑣末な情報の氾濫のなかから、力強い知識の源泉を掘り起し、技術文明のただなかに、生きた人間の姿を復活させること。それこそわれわれの切なる希求である。

われわれは権威に盲従せず、俗流に媚びることなく、渾然一体となって日本の「草の根」をかたちづくる若く新しい世代の人々に、心をこめてこの新しい綜合文庫をおくり届けたい。それは知識の泉であるとともに感受性のふるさとであり、もっとも有機的に組織され、社会に開かれた万人のための大学をめざしている。大方の支援と協力を衷心より切望してやまない。

一九七一年七月

野間省一